복잡한 디지털 세상 —— 든든한 두 아들이 알려 주는 —— 스마트폰 사용법

시니어를 위한 스마트폰 활용 with 챗GPT

곽민철 · 정희철 지음

생능북스

시니어를 위한 스마트폰 활용 with 챗GPT

초판 1쇄 인쇄 2025년 1월 6일
초판 1쇄 발행 2025년 1월 10일

지은이 | 곽민철, 정희철
펴낸이 | 김승기, 김민수
펴낸곳 | ㈜생능출판사 / **주소** | 경기도 파주시 광인사길 143
브랜드 | 생능북스
출판사 등록일 | 2005년 1월 21일 / **신고번호** | 제406-2005-000002호
대표전화 | (031) 955-0761 / **팩스** | (031) 955-0768
홈페이지 | www.booksr.co.kr

책임편집 | 최동진
편집 | 신성민, 이종무
교정·교열 | 최동진
본문·표지 디자인 | 이대범
영업 | 최복락, 심수경, 차종필, 송성환, 최태웅, 김민정
마케팅 | 백수정, 명하나

ISBN 979-11-92932-88-0 (13000)
값 19,800원

- 생능북스는 (주)생능출판사의 단행본 브랜드입니다.

- 잘못된 책은 구입한 서점에서 교환해 드립니다.

과거 우리 시니어분들은 세대의 주역이셨습니다. 그러나 스마트폰의 보급은 부모님 세대를 소외시키며 빠르게 일상을 변화시켜 왔습니다. 오늘날 스마트폰은 일상생활의 중심이 되었고 핵심적인 도구로 자리잡았음을 부정할 수 없습니다. 하지만 스마트폰이 익숙하지 않은 시니어분들께는 스마트폰의 기능이 너무 많아 복잡하게 느껴질 수 있습니다. 무엇보다도 스마트폰의 방대한 기능에 놀라 어떻게 접근할지조차 막막한 시니어분들이 많을 것이라 생각합니다.

『시니어를 위한 스마트폰 활용』은 바로 그런 시니어분들을 위해 준비되었습니다. 이 책은 스마트폰을 조작하는 기본적인 방법부터, 일상에서 실질적으로 유용하게 활용할 수 있는 다양한 디지털 정보를 아우르고 있습니다. 카카오톡과 같은 기본적인 소통 도구부터 지도, 배달 어플 등 생활 속 여러 가지 업무를 돕는 어플까지, 시니어분들이 실생활에서 바로 활용할 수 있는 유용한 정보를 가득 담았습니다. 시니어분들께서 자신감을 가지고 스마트폰을 사용할 수 있도록 어려워 보일 수 있는 기능들도 쉽게 풀어 설명하였습니다.

이 책 한 권이면 시니어분들은 스마트폰의 주요 기능을 숙달하고, 일상에서 스마트폰을 최대한 활용할 수 있게 될 것입니다. 스마트폰은 단순한 기기가 아니라, 우리의 삶을 더욱 풍요롭고 편리하게 해 주는 중요한 도구입니다. 이 책이 작지만 단단한 다리 역할을 하여, 디지털 세상을 향해 한 걸음 더 나아가는 데 도움이 될 수 있길 진심으로 바랍니다. 그리고 많은 시니어분들이 현 시대에서도 다시금 주역으로 당당히 활약하시는 여정에 있어 저희의 책이 자그마한 도움이 되길 간절히 소망합니다.

"스마트폰은 단순히 커뮤니케이션 도구가 아니라,
인류의 진보를 위한 중요한 도약이다."

스티브 잡스, 2007년 아이폰 출시 연설

곽민철, 정희철

이 책을 보는 방법

이 책은 스마트폰(갤럭시 기반)을 효율적으로 사용하는 방법에 대해 집필되었습니다. 입문자가 쉽게 따라할 수 있도록 각 작업에 대한 내용을 빠짐없이 설명하고 있으며, 상황에 따라 어떨 때 사용하면 좋은지도 구분했습니다.

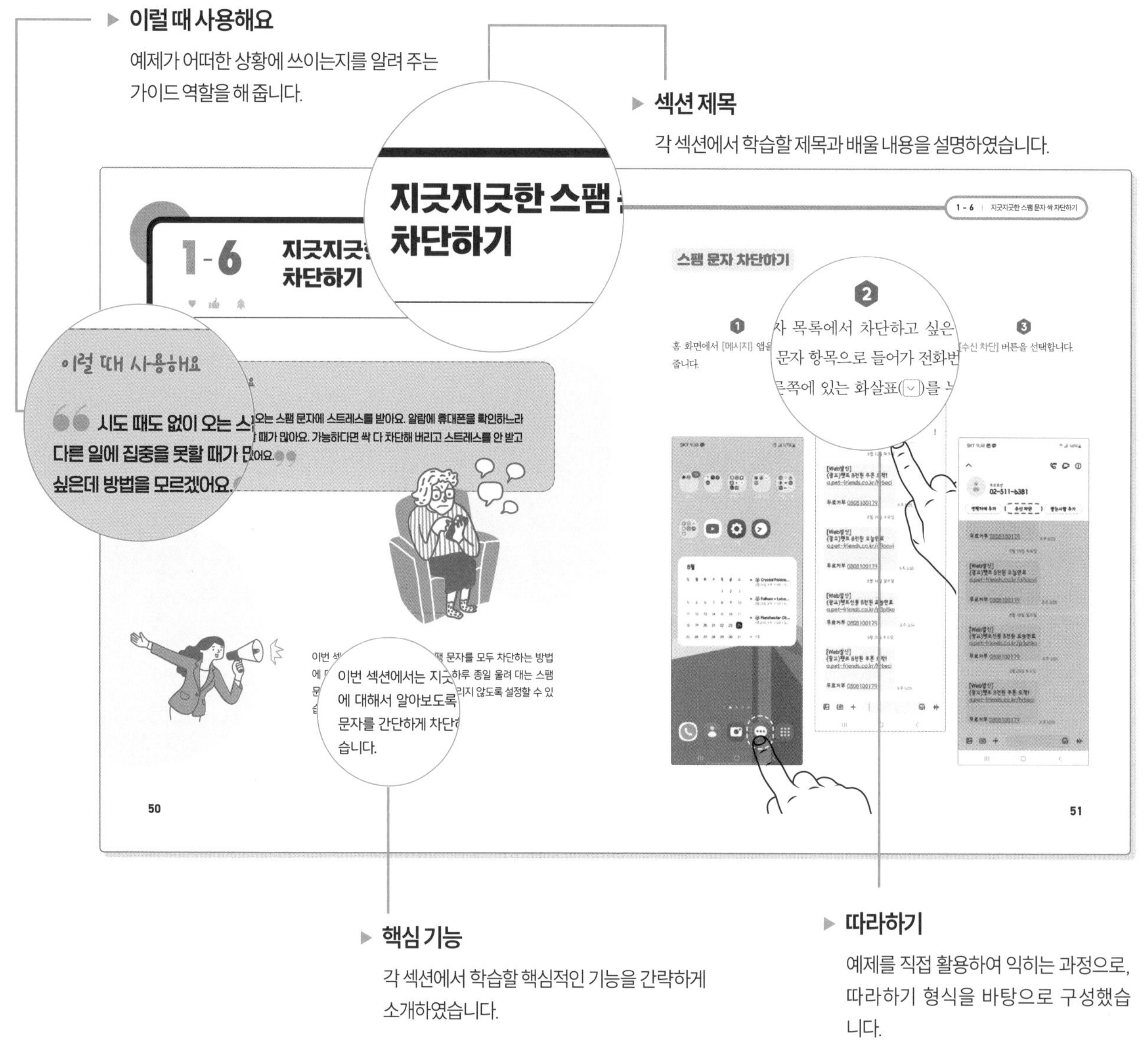

▶ 이럴 때 사용해요

예제가 어떠한 상황에 쓰이는지를 알려 주는 가이드 역할을 해 줍니다.

▶ 섹션 제목

각 섹션에서 학습할 제목과 배울 내용을 설명하였습니다.

▶ 핵심 기능

각 섹션에서 학습할 핵심적인 기능을 간략하게 소개하였습니다.

▶ 따라하기

예제를 직접 활용하여 익히는 과정으로, 따라하기 형식을 바탕으로 구성했습니다.

▶ **노하우**

본문에 미처 담지 못한 내용과 저자의 풍부한 실전 경험을 바탕으로 꼭 필요한 핵심 내용을 정리했습니다.

▶ **하나 더 알아보기**

앞에서 배운 따라하기 과정을 응용하여 추가로 알아야 할 사항이나 새로운 기능을 소개하였습니다.

▶ **영상으로 복습해요**

각 섹션에 대한 좀 더 자세한 해설은 스마트폰으로 QR코드를 인식해서 내용을 확인할 수 있습니다.

저자들이 운영하고 있는 『걱정마엄빠』 채널을 소개해요!

『걱정마엄빠』 채널

걱정마엄빠는 시니어 세대를 위한 실생활 정보를 전달하는 유튜브 채널입니다. 복잡하고 어려울 수 있는 디지털 기기 활용법, 금융 정보, 복지 혜택, 정부 정책 변경 사항 등 중장년층에게 꼭 필요한 내용을 알기 쉽게 설명합니다.

지금 바로 『걱정마엄빠』 채널에서 유용한 최신 정보를 만나보세요!

복습 영상을 확인하시고 궁금한 부분은 '여기'에 남겨 주세요!

독자분들과 소통할 수 있는 공간을 마련했습니다. 책에서 소개해 드린 여러 기능들의 최신 정보를 공유하고 독자분들께 유용한 스마트폰 활용법을 지속적으로 제공할 예정입니다.

https://seniordigital.kr/eduvideo

1 스마트폰 기본 버튼 및 조작법 알아보기 + QR코드 사용법

이럴 때 사용해요

"아들의 추천으로 모바일 은행 업무, 카카오톡 메신저 사용이 가능한 스마트폰을 구매하게 되었는데 사용법이 익숙하지 않아 다루기가 힘들어요. QR코드를 이용해 설명서를 확인할 수 있다고 하는데 이것부터 막히니 정말 답답합니다."

이번 섹션에서는 스마트폰의 기본 버튼과 꼭 알아야 하는 조작법에 대해 확인해 보겠습니다. 스마트폰을 익숙하게 다루기 위해서는 기본 사용법을 잘 알고 있어야 합니다. 추가적으로 QR 코드 사용법도 함께 알아보겠습니다.

스마트폰 기본 버튼 및 조작법

❶

최신 스마트폰은 우측에 3개의 측면 버튼이 위치해 있습니다.

❷

측면 버튼 중 1번, 2번 버튼은 음량 조절 버튼입니다. 위는 음량 올리기, 아래는 음량 내리기가 가능합니다.

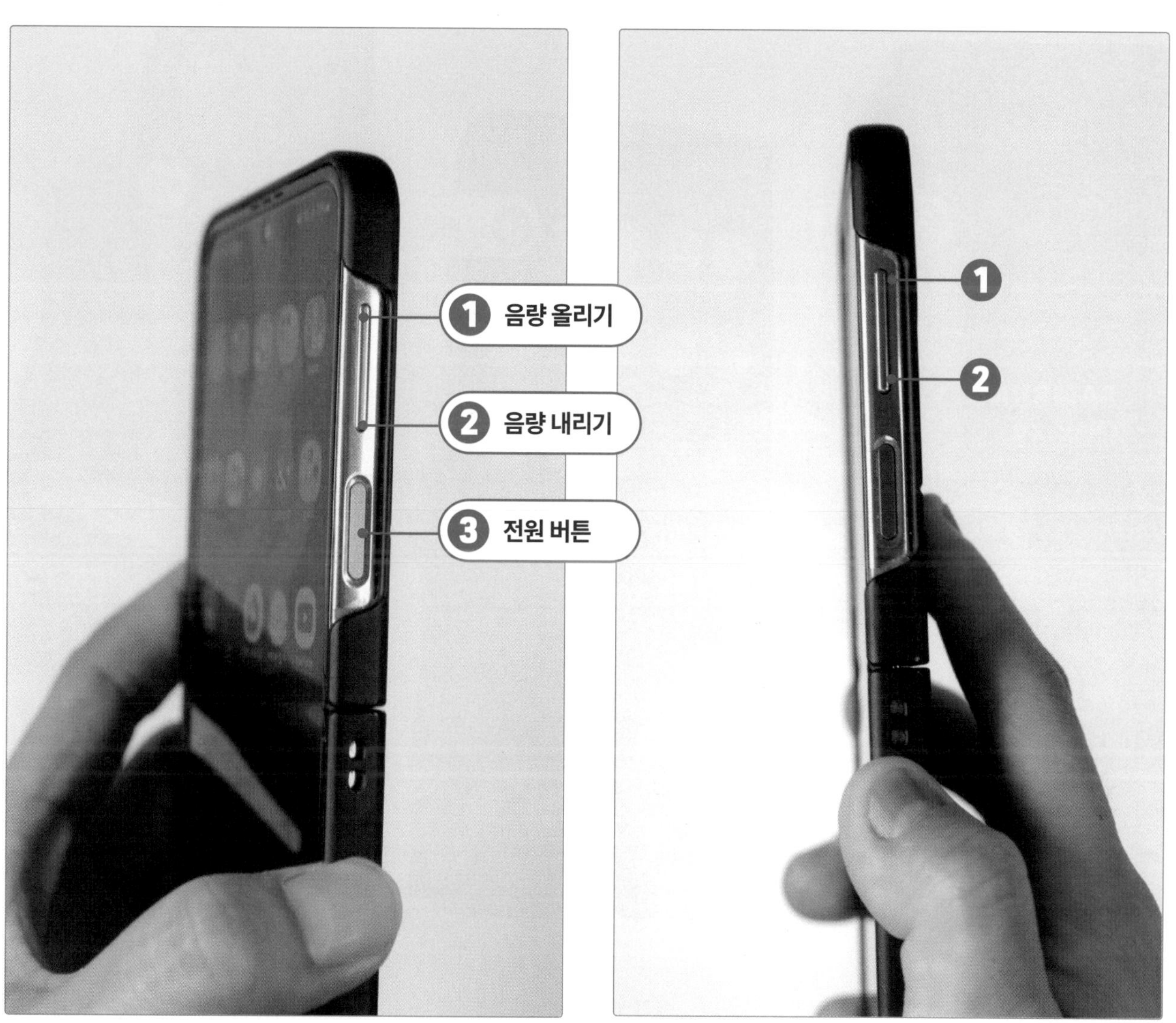

3

측면 버튼 중 3번 버튼은 길게 눌러 전원을 켜는 데 사용합니다.

전원이 켜진 상태에서 3번 버튼은 지문을 인식해 잠금을 해제하는 역할을 합니다.

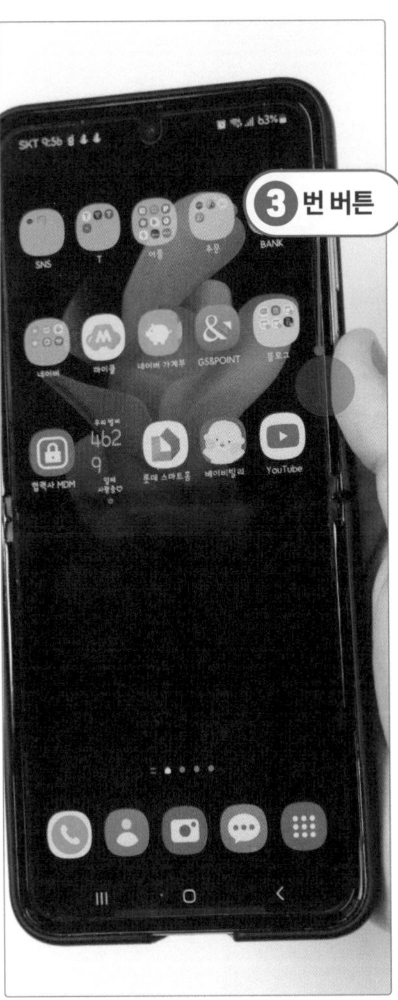

전원이 켜진 상태에서 2번 버튼과 3번 버튼을 길게 누르면 빅스비(갤럭시 인공지능)를 호출할 수 있습니다.

6

2번 버튼과 3번 버튼을 함께 누르면 스크린샷 촬영이 가능합니다.

2번 버튼, 3번 버튼을 동시에 길게 누르면 전원 끄기, 다시 시작이 화면에 나타납니다.

화면 아래에 보이는 3개 버튼은 왼쪽부터 최근 실행 앱 보기, 홈 화면 바로 가기, 뒤로 가기 역할을 합니다.

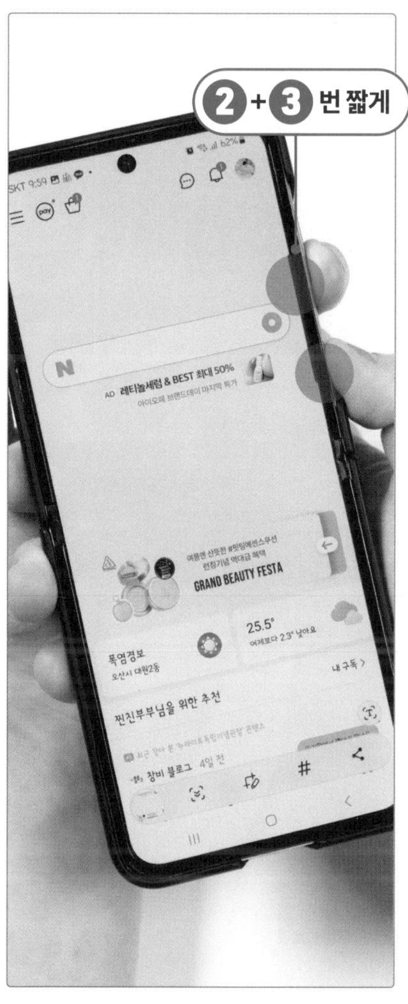

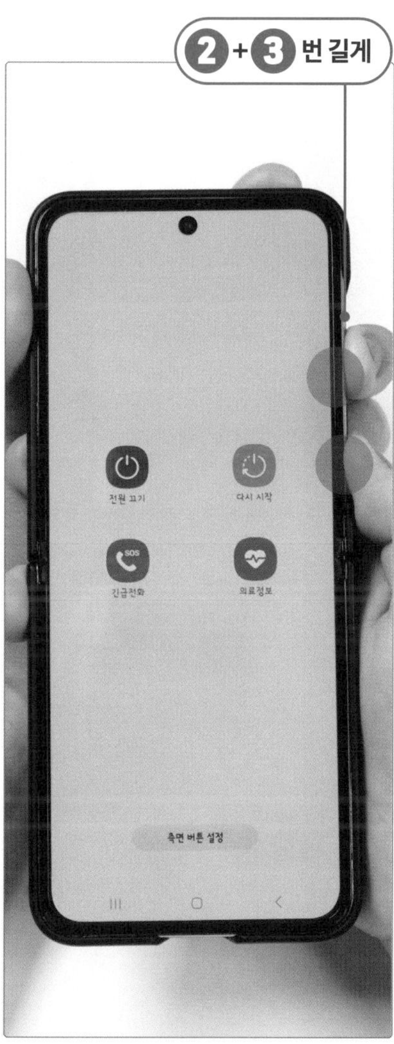

QR코드 사용법

1

[카메라] 앱을 실행해 줍니다.

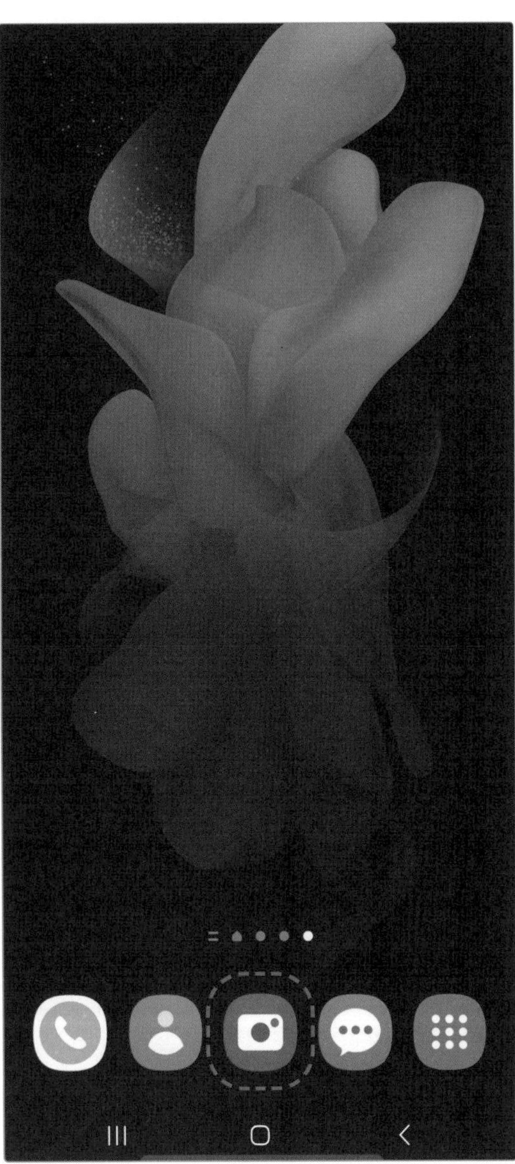

2

카메라로 QR코드가 잘 보이게 비춰줍니다. 화면에 링크가 표시되고 이를 터치하면 해당 링크로 이동합니다.

이번 섹션에서 알려 드린 갤럭시 스마트폰의 기본 버튼에 익숙해지는 것이 무엇보다 중요합니다. 이러한 기본 사용법을 숙지해야 스마트폰의 기능과 앱 사용이 한결 더 수월해질 것입니다.

또한 메신저 앱인 카카오톡에서 친구를 추가할 때에도 QR코드를 이용할 수 있습니다. 카카오톡을 실행하고 화면 상단에서 '친구 추가'를 선택하면 내 QR코드가 뜨게 됩니다. 같은 방법으로 친구로 추가하길 원하는 상대방의 스마트폰에서 카카오톡 QR코드를 실행해 줍니다. 이후 내 스마트폰의 카메라로 상대방의 QR코드를 인식하면 친구 추가가 완료됩니다. QR코드를 활용하면 번거롭게 친구의 아이디를 입력하지 않아도 즉시 친구 추가가 가능합니다.

갤럭시 휴대폰의 측면 버튼에 추가 기능을 더해보세요. [설정] – [유용한 기능] – [측면 버튼]으로 들어가면 설정이 가능합니다.

[두 번 누르기]는 카메라 빠른 실행, 삼성 월렛 빠른 실행, 특정 앱 열기가 가능하며, [길게 누르기]는 빅스비 호출하기, 전원 끄기 메뉴를 지정할 수 있습니다.

2 스마트폰 앱(어플리케이케이션) 다운로드 방법 알아보기

이럴 때 사용해요

"딸이 정말 편하다며 이것저것 앱을 설치해서 써 보라고 하는데, 기본적으로 설치되어 있는 앱 말고는 따로 설치하는 방법을 모르겠네요. 친구들은 앱을 설치해서 모임도 하고, 영어 공부도 하고, 온갖 신기한 걸 다 한다는 데 저는 통화, 문자, 인터넷이 전부네요."

이번 섹션에서는 스마트폰을 보다 더 잘 활용하기 위해 꼭 알아야 하는 앱 다운로드 방법에 대해서 알아보겠습니다. 스마트폰에 앱을 설치하면 금융, 교통, 쇼핑, 운동 등 다양한 분야의 서비스들을 집에서 편안하게 즐기실 수 있습니다.

1
홈 화면에서 [Play 스토어] 앱을 찾아서 눌러 줍니다.

2
홈 화면에서 앱을 찾을 수 없다면 화면의 중간 부분부터 쓸듯이 아래로 내려 '파인더 검색' 창을 띄워 줍니다.

3
검색 창에 직접 "Play 스토어"를 검색한 뒤 'Play 스토어' 아이콘을 눌러 실행해 줍니다.

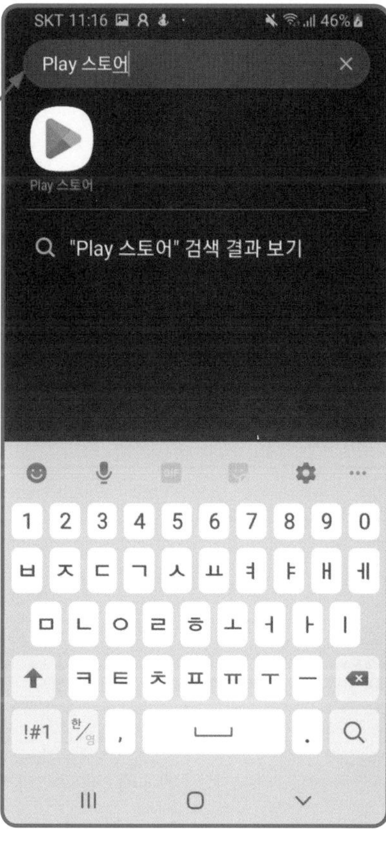

4

하단의 [검색] 버튼( )을 눌러 줍니다.

5

연습으로 밴드를 다운로드 받아보겠습니다. 밴드를 입력하여 검색해 주시고 검색 결과가 나오면 우측에 표시되는 [설치] 버튼(설치)을 눌러 줍니다.

6

설치가 완료되면 [설치] 버튼이 [열기] 버튼(열기)으로 바뀝니다. [열기] 버튼을 눌러서 밴드 앱을 실행해 줍니다.

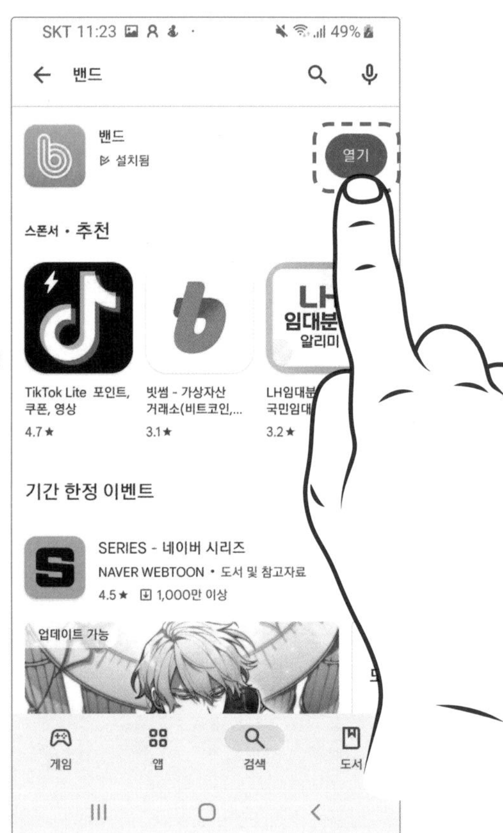

7

다운로드 받은 앱은 홈 화면에도 저장됩니다. 설치 후 앱을 실행할 때는 홈 화면의 밴드 아이콘을 찾아 눌러 주시면 됩니다.

이번 섹션에서 알려 드린 스마트폰 앱 다운로드 방법은 스마트폰을 사용할 때 꼭 알아야 할 필수 기능입니다. 다음 장부터 소개해 드릴 앱들을 다운로드 받아 사용한다면 스마트폰의 활용성이 무궁무진하게 늘어날 수 있습니다.

다운로드 받은 앱을 더 이상 사용하지 않는 경우에는 앱을 삭제할 수 있습니다. 앱 삭제를 통해 스마트폰의 저장 공간을 확보하고, 불필요한 앱으로 인한 성능 저하를 방지할 수 있습니다. 앱을 삭제하려면 스마트폰의 [설정] 앱을 실행한 뒤 [애플리케이션] 메뉴를 선택합니다. 여기에서 삭제하고자 하는 앱을 눌러 주시면 [삭제] 버튼이 나옵니다. 이때 [삭제] 버튼을 누르면 앱이 삭제됩니다.

아이폰을 사용하시는 경우에도 앱 다운로드 방법은 거의 동일합니다. 아이폰의 경우에는 '구글 플레이스토어' 대신 '앱스토어(App Store)'를 활용하시면 됩니다.

스마트폰에서 앱스토어를 찾아서 실행해 주세요. 그리고 [검색] 버튼을 눌러서 다운로드 받고 싶은 앱의 이름을 입력하시고 [받기] 버튼을 눌러 주시면 앱 다운로드가 완료됩니다.

차례

4장 우리 부모님들이 꼭 알았으면 하는 앱 소개하기

일상생활 앱 활용하기

5장 복잡한 디지털 금융 완전 정복하기

디지털 금융 앱 활용하기

6장 그 밖에 디지털 기기 다뤄보기

디지털 기기 활용하기

시니어를 위한
스마트폰 활용 with 챗GPT

1. 글씨 크기/화면 밝기/소리(진동, 무음) 설정하기

2. 내 휴대폰 새 폰처럼 최적화하기

3. 약 먹는 시간 알람 설정하기

4. 스마트폰 하나로 줄자없이 길이 재기

5. 스마트폰을 잃어버렸을 때 바로 찾아보기

6. 지긋지긋한 스팸 문자 싹 차단하기

7. 내가 찍은 사진에 글자도 함께 써 보기

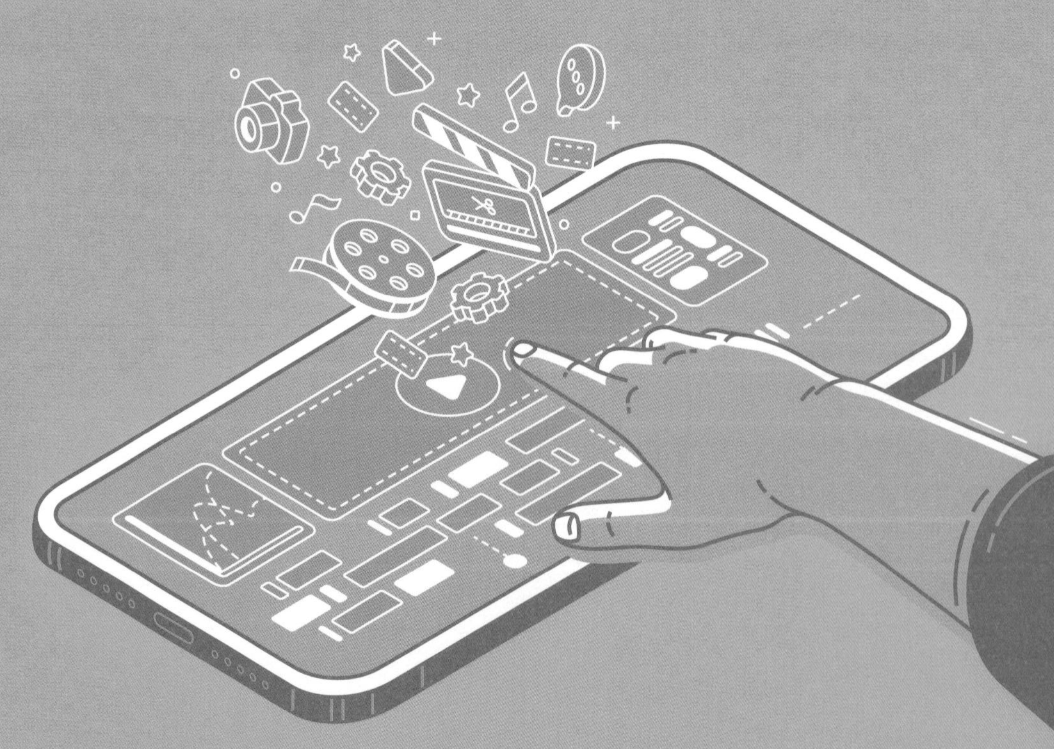

1장

스마트폰에 이런 것이 있는지 모르셨죠?

기본 작동법 & 고급 기능 활용하기

1-1 글씨 크기/화면 밝기/소리(진동, 무음) 설정하기

이럴 때 사용해요

스마트폰을 쓰다가 간혹 여러 가지 어려움에 봉착할 때가 있어요. 화면의 글씨가 보이지 않던지, 외출했을 때 화면이 너무 밝아서 보이지 않던지, 공공장소에서 알람 소리를 진동으로 바꿔야 하는 데 방법을 몰라 헤맬 때가 많네요.

이번 섹션에서는 스마트폰의 글씨 크기/화면 밝기/소리(진동, 무음)를 설정하는 방법을 알아보겠습니다. 글씨 크기를 크게 키우고, 화면을 밝게 또는 어둡게 조절하고, 휴대폰 소리를 진동 또는 무음으로 전환할 수 있습니다.

글씨 크기 조절하기

1

먼저 홈 화면에서 [설정]으로 들어가 주세요.

[설정] 목록 중 [디스플레이]를 선택해 주세요.

[디스플레이] 설정 메뉴 중에서 [글자 크기와 스타일]을 선택합니다.

4

[글자 크기] 조절바를 이용해 크기를 조절할 수 있습니다.

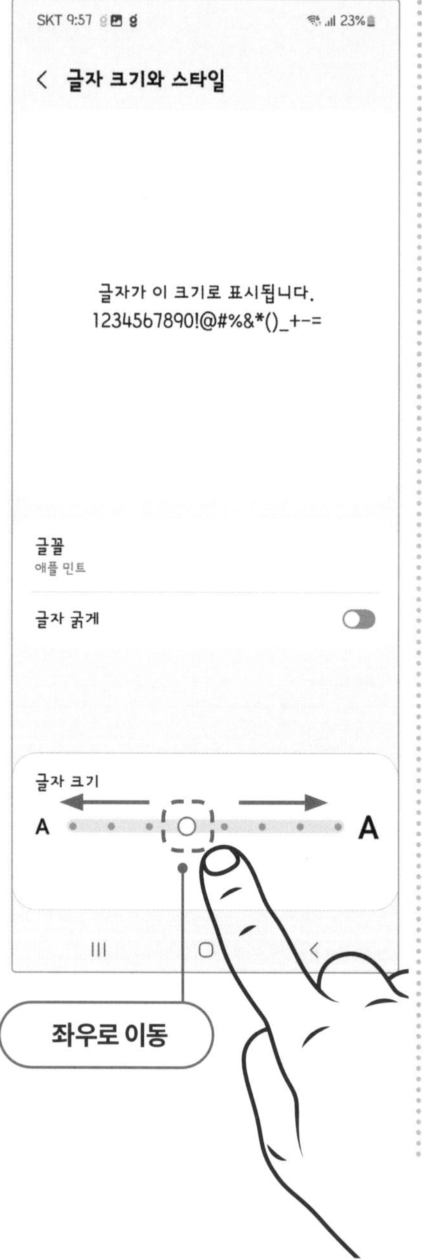

화면 밝기 조절하기

1

[설정]으로 들어간 뒤 [디스플레이] 메뉴를 선택해 주세요.

[밝기]에 있는 두 가지 조절바를 이용해 화면 밝기를 조절할 수 있습니다.

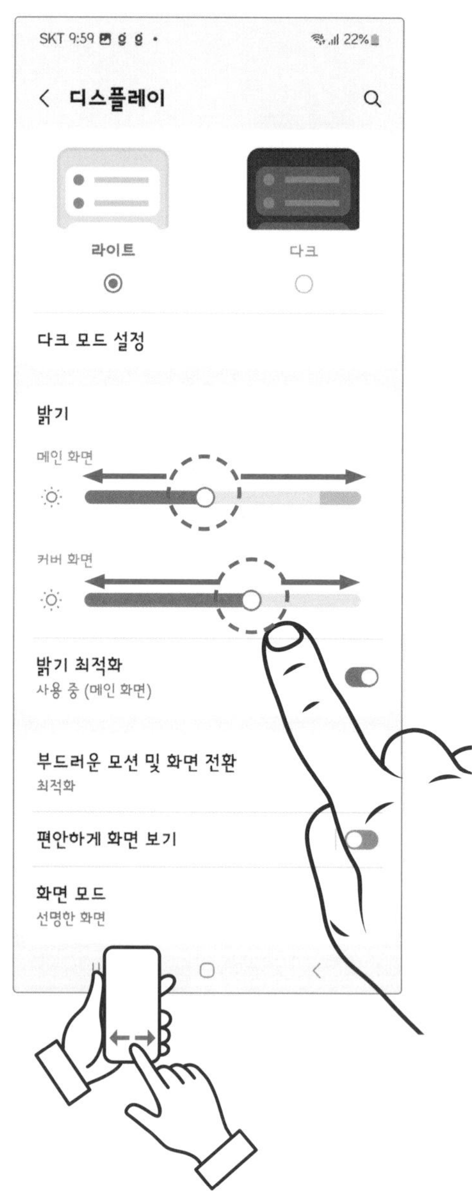

3

더 편한 방법! 홈 화면 상단을 끌어 내려 '제어 센터'의 조절바를 좌우로 이동시키면 밝기를 제어할 수 있습니다.

조절바를 한번 더 눌러서 '밝기 최적화'를 설정하면 주변 조도에 따라 자동으로 밝기가 조절됩니다.

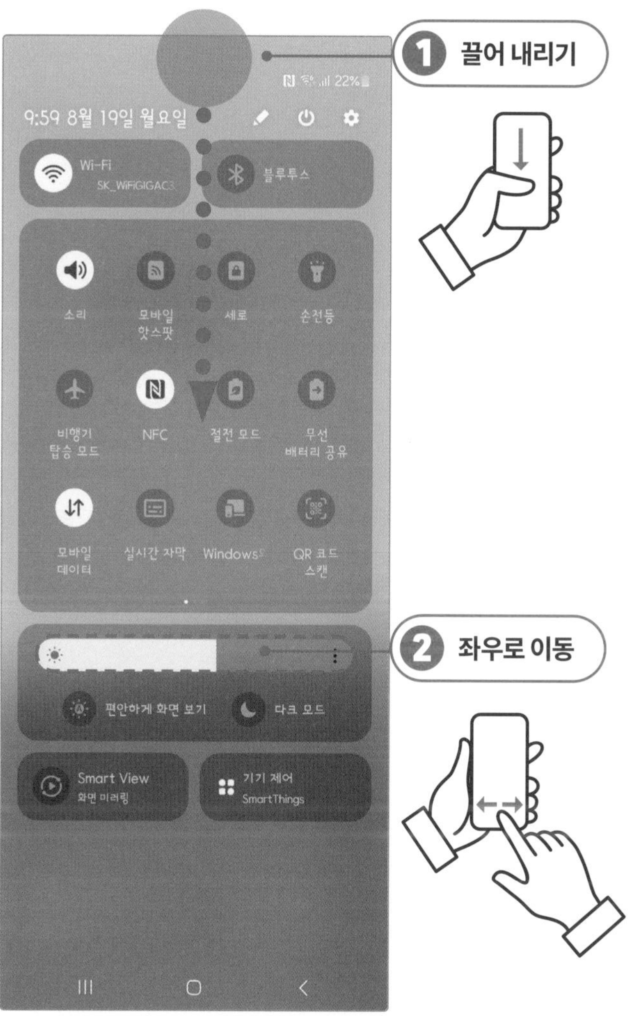

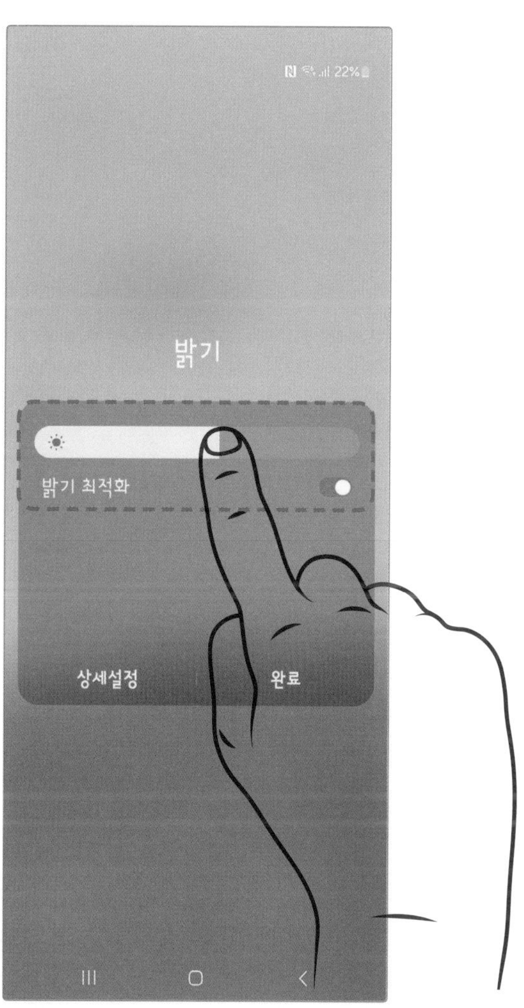

소리(진동, 무음) 설정하기

1

홈 화면 상단을 끌어 내려 '제어 센터'를 열어 주세요.

2

[소리] 버튼을 확인해 줍니다. 이 버튼을 통해 소리, 진동, 무음 모드로 전환할 수 있습니다.

3

[소리] 버튼을 한번 눌러 주면 [진동] 모드로 변경됩니다.

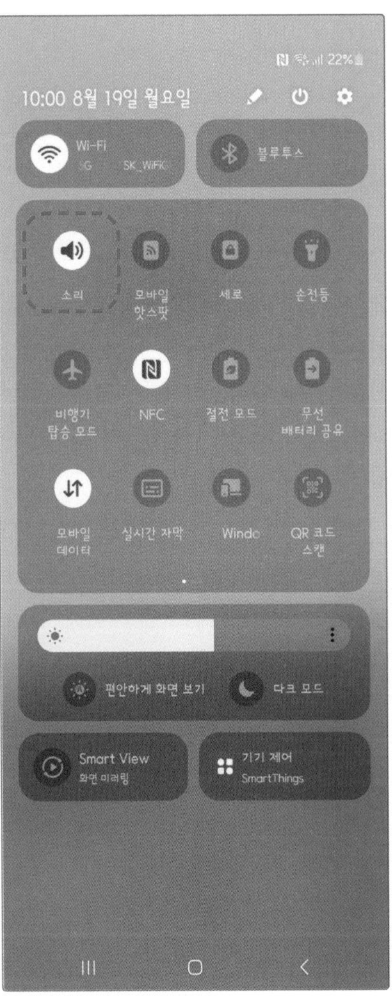

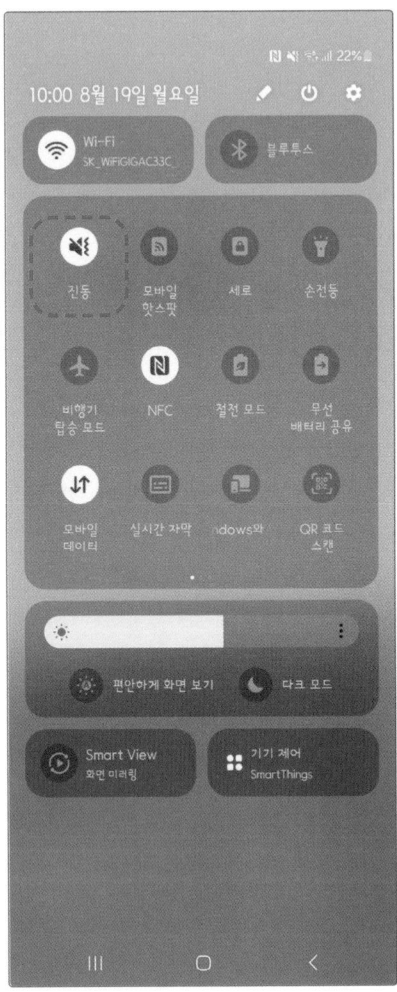

4

진동으로 바뀐 버튼을 다시 한번 눌러 주면 [무음] 모드로 변경됩니다. 여기서 한번 더 버튼을 눌러 주면 [소리] 모드로 다시 돌아옵니다.

이번 섹션에서 알려 드린 갤럭시 스마트폰의 글씨 크기, 화면 밝기, 소리(진동, 무음) 설정은 외출하셨을 때 유용한 기능입니다. 안경을 쓸 수 없을 때, 주변이 너무 밝거나 어두울 때, 영화관에서 소리를 줄여야 할 때 꼭 사용해 보세요.

일정 시간이 지나면 자동으로 화면이 꺼지는 '화면 자동 꺼짐 시간'을 설정하면 배터리를 절약할 수 있습니다.

[설정] - [디스플레이] - [화면 자동 꺼짐 시간]으로 들어가 일정 시간이 지나면 화면이 꺼지도록 할 수 있으며, 추가 옵션으로 얼굴을 인식해 화면을 보고 있는 동안에는 화면을 켠 상태로 유지하는 기능도 활성화할 수 있습니다.

1-2 내 휴대폰 새 폰처럼 최적화하기

이럴 때 사용해요

"요즘 휴대폰의 속도가 이전보다 느려졌어요.
어떤 기능은 정상적으로 작동하지 않는 것 같아요.
휴대폰에 이상한 앱이 설치된 것 같아요.
해킹, 보이스피싱을 당할까 봐 걱정되네요."

이번 섹션에서는 내 휴대폰을 새 폰처럼 최적화하는 방법에 대해서 알아보겠습니다. 디바이스 케어 기능을 이용해 휴대폰에 문제가 없는지 확인하고 조치할 수 있습니다. 또한 '보안 위험 자동 차단' 기능을 통해 해킹 및 의심스러운 활동을 사전에 차단할 수 있습니다.

디바이스 케어로 속도 빠르게 하기

1

먼저 홈 화면에서 [설정]으로 들어가 주세요.

2

[설정] 목록 중 [디바이스 케어]를 선택해 주세요.

3

[지금 최적화] 버튼을 누르면 자동 최적화가 진행됩니다.

4

배터리, 앱 오류, 백그라운드 실행 앱, 저장 공간, 메모리 사용량, 악성 앱, 잦은 알람 앱 등을 점검하고 내 폰을 최적화 상태로 만들어 줍니다.

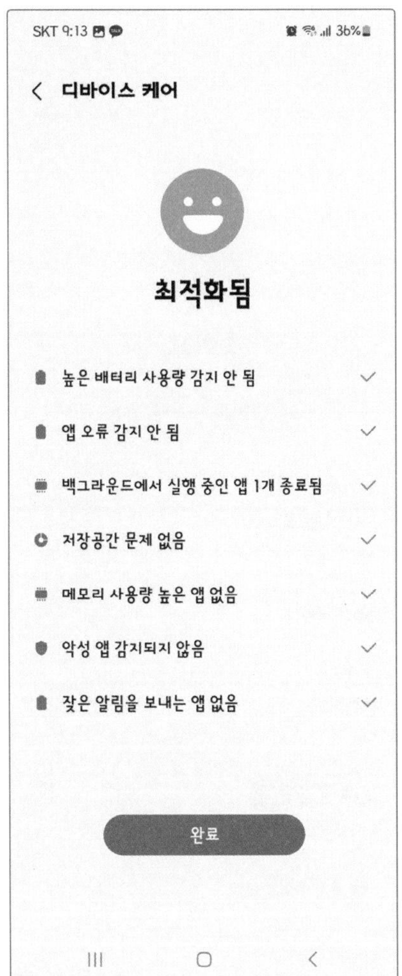

5

휴대폰이 제대로 작동하고 있는지 확인하기 위해 [디바이스 케어]에서 [자가 진단]을 선택해 줍니다.

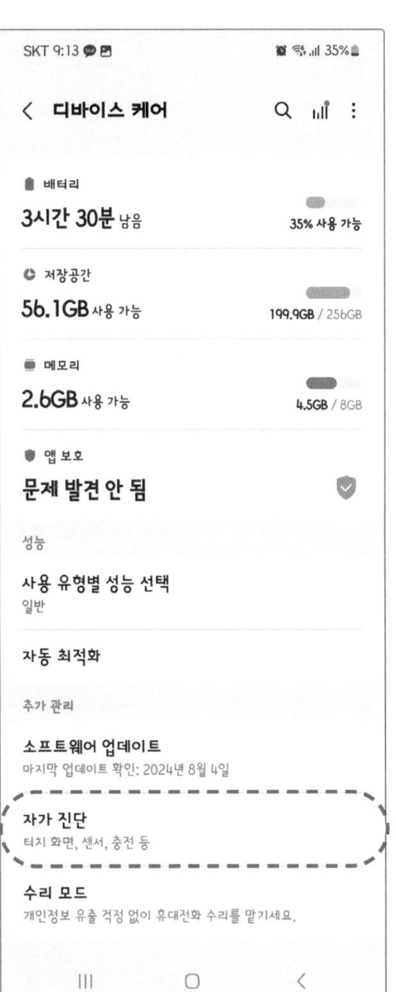

6

다음 화면에서 [휴대전화 진단]을 눌러 주세요.

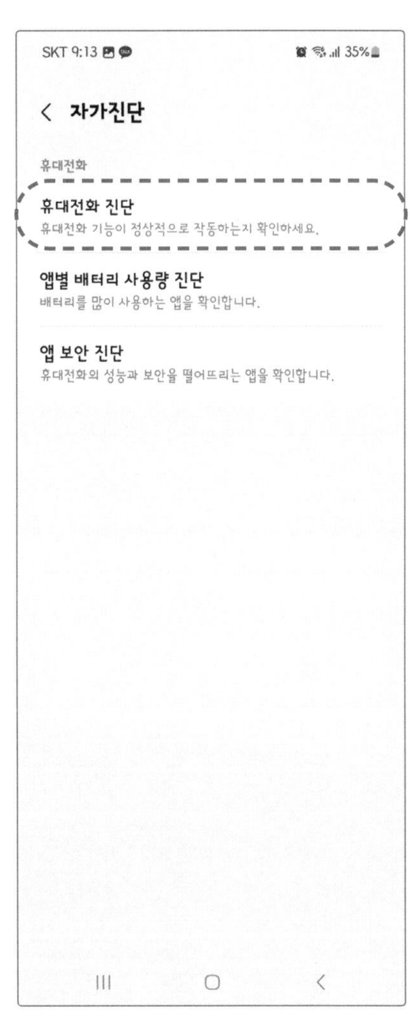

7

[전체 진단 시작]을 터치해 총 23가지의 휴대폰 기능이 잘 작동하는지 진단할 수 있습니다.

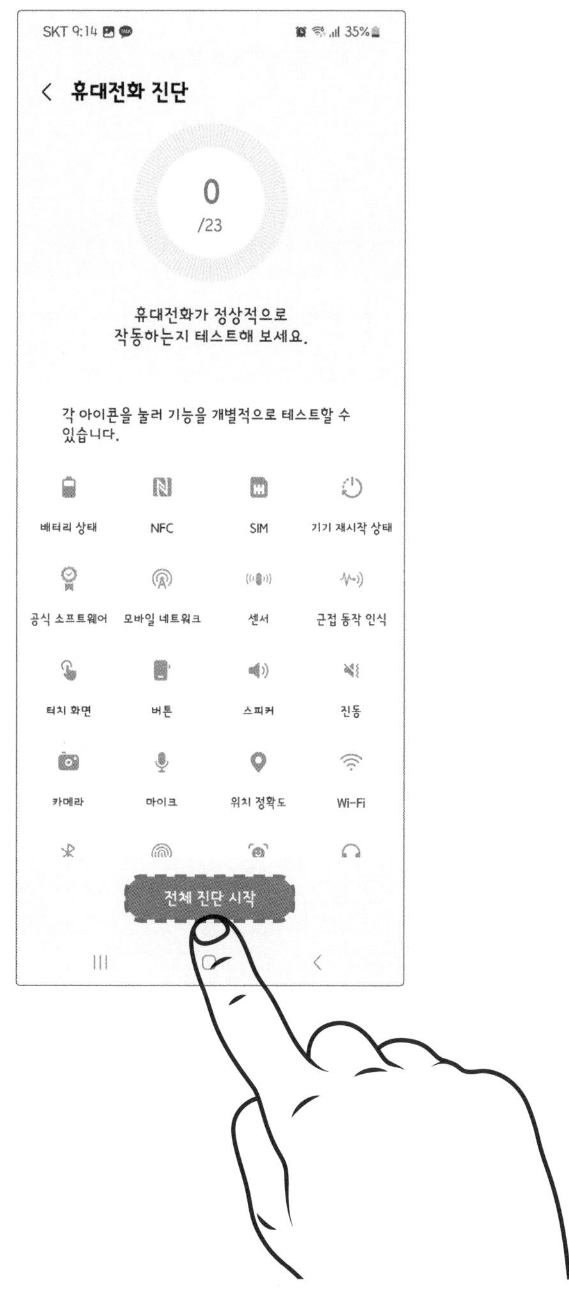

8

화면의 안내에 따라 진단을 완료해 주세요. 이상이 있는 항목이 있다면 서비스 센터에 방문해 수리해 주세요.

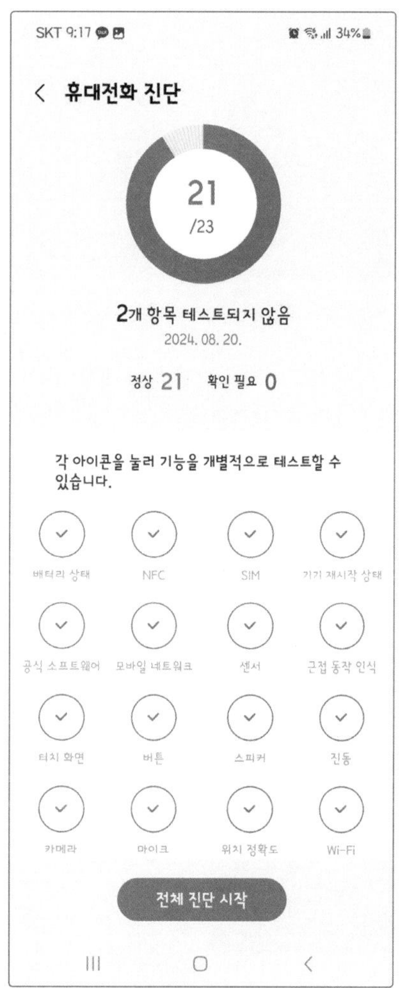

최신 보안 설정하기

1 먼저 홈 화면에서 [설정]으로 들어가 주세요.

2 [설정] 목록 중 [보안 및 개인정보 보호]를 선택해 주세요.

3 [보안 위험 자동 차단] 항목을 선택합니다.

해당 기능을 '사용 중'으로 변경해 주세요. '메시지 앱 보호'와 'USB 케이블을 사용한 소프트웨어 업데이트 차단'도 활성화시켜 주세요.

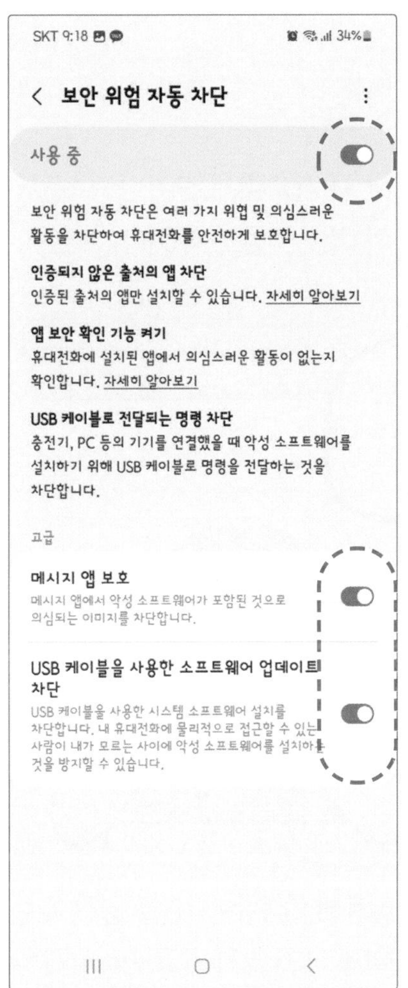

이번 섹션에서 알려 드린 디바이스 케어 자동 최적화와 휴대전화 진단 기능을 통해서 속도를 느리게 만드는 요인을 찾고 제거하여 새 폰과 같은 상태로 만들 수 있습니다. 또한 정상 작동되지 않고 있는 기능도 직접 확인할 수 있습니다. 문제가 있는 기능은 서비스 센터를 통해서 수리를 진행해 보시기 바랍니다.

아울러 개인정보 유출 등 보안에 대한 걱정이 많으시다면 '보안 위험 자동 차단' 기능을 활성화 해 보세요. 인증된 출처의 앱 외에는 설치를 차단하고 의심스러운 활동을 감시합니다. 해킹 및 보이스피싱 피해를 사전에 방지하기 위해서는 꼭 해당 기능을 활성화 해 주셔야 합니다.

더 자세한 내용은 영상을 통해 확인해 보세요.
해당 내용을 영상으로 살펴보시고 궁금한 사항은 댓글을 통해 질문해 보세요.

QR코드 확인하는 방법 10쪽 참고

1-3 약 먹는 시간 알람 설정하기

이럴 때 사용해요

"아침 해가 떠오르기 전에 일어나 고혈압 약을 챙겨 놓고는 그 시간을 잊지 않기 위해 시계를 바라보며 조조해해요. 하지만 누군가가 곁에 없으면 약 먹는 것을 까먹기 일쑤라 마음속에서 항상 불안감이 있어요."

이번 섹션에서는 스마트폰을 활용해 약 먹는 시간을 알려 주는 알람을 만들어 보겠습니다. 이렇게 하면 잊지 않고 편리하게 약을 챙길 수 있어서 우리 부모님들께서 건강한 하루를 시작하는 데 큰 도움이 될 것입니다.

알람 설정하기

1 홈 화면에서 [시계] 앱을 선택해 실행해 줍니다.

2 새로운 알람을 설정하기 위해서 화면에 보이는 [+] 버튼을 터치해 눌러 줍니다.

3 맨 위에 보이는 시간이 알람 시간입니다. 숫자를 위/아래로 밀어서 원하는 시간을 맞춰보세요.

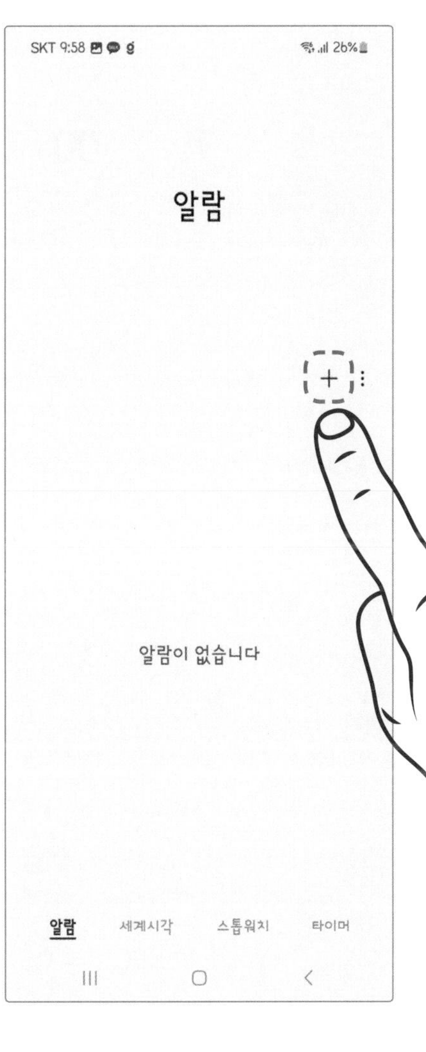

4

알람 시간 아래에 있는 요일 부분을 눌러보세요. 원하는 요일만 선택 및 제거할 수 있습니다.

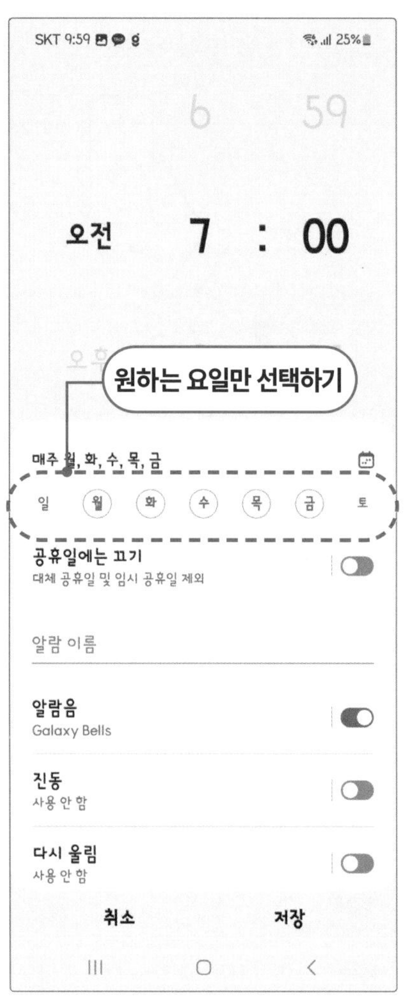

5

'알람 이름'에는 알람과 함께 표시될 글자를 입력하세요. 가령 '고혈압 약 먹기'를 입력하고 [완료]를 눌러 줍니다.

6

화면 아래에 [저장] 버튼을 누르면 모든 알람 설정이 완료됩니다.

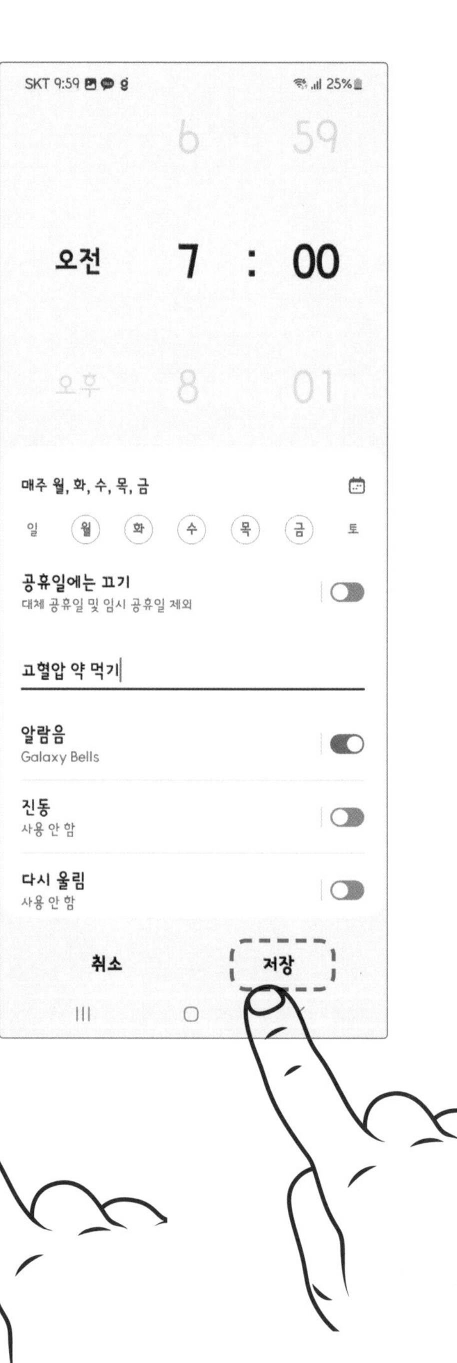

알람 중단 및 삭제하기

❶ 알람을 당분간 중단하고 싶을 때는 우측에 있는 스위치를 꺼주시면 알람이 중단됩니다.

❷ 만약 설정한 알람을 완전히 삭제하고 싶다면 [+] 버튼 옆에 있는 [점 세 개(⋮)] 버튼을 눌러 줍니다.

❸ 그리고 [편집]을 눌러 줍니다.

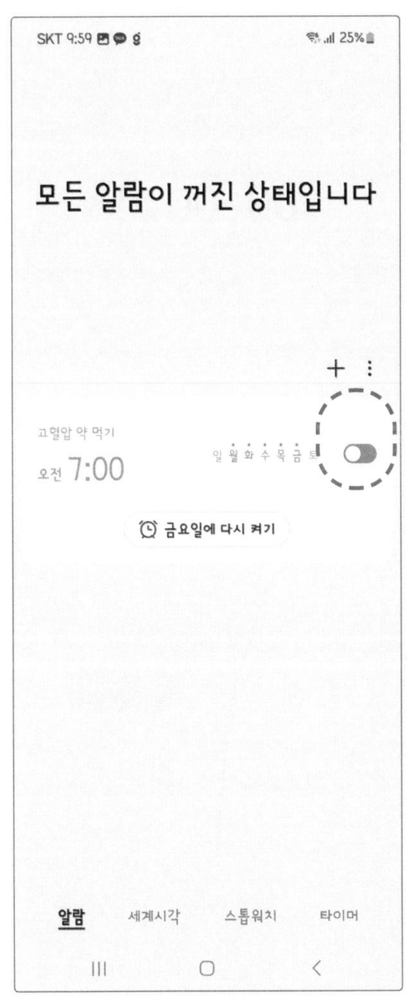

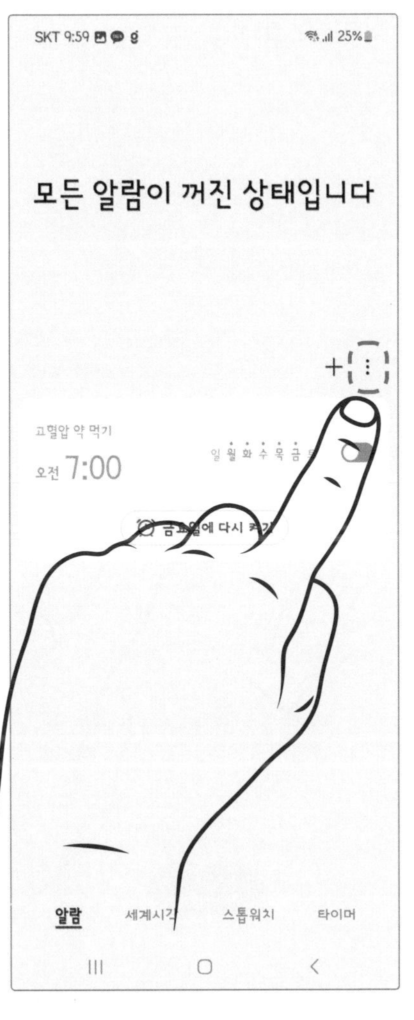

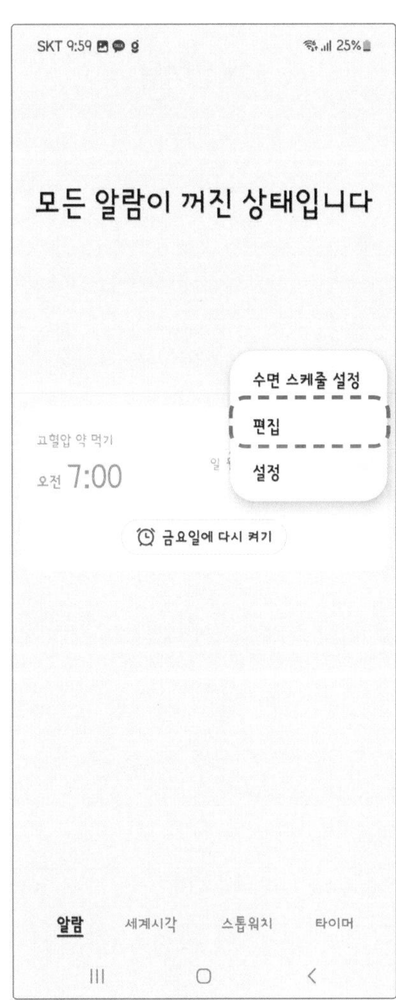

4

삭제를 원하는 알람 항목을 선택해 체크한 뒤 화면 아래 [모두 삭제]를 누르면 삭제가 완료됩니다.

5

식후 30분 내 약을 드셔야 하는 경우 타이머 설정도 가능합니다. '타이머' 기능을 눌러주신 후 시간을 30분으로 설정하고 [시작] 버튼을 누르시면 됩니다.

6

30분이 지나면 아래와 같이 알람이 울리게 됩니다. 알람이 울리면 시간에 맞춰 약을 드시면 됩니다.

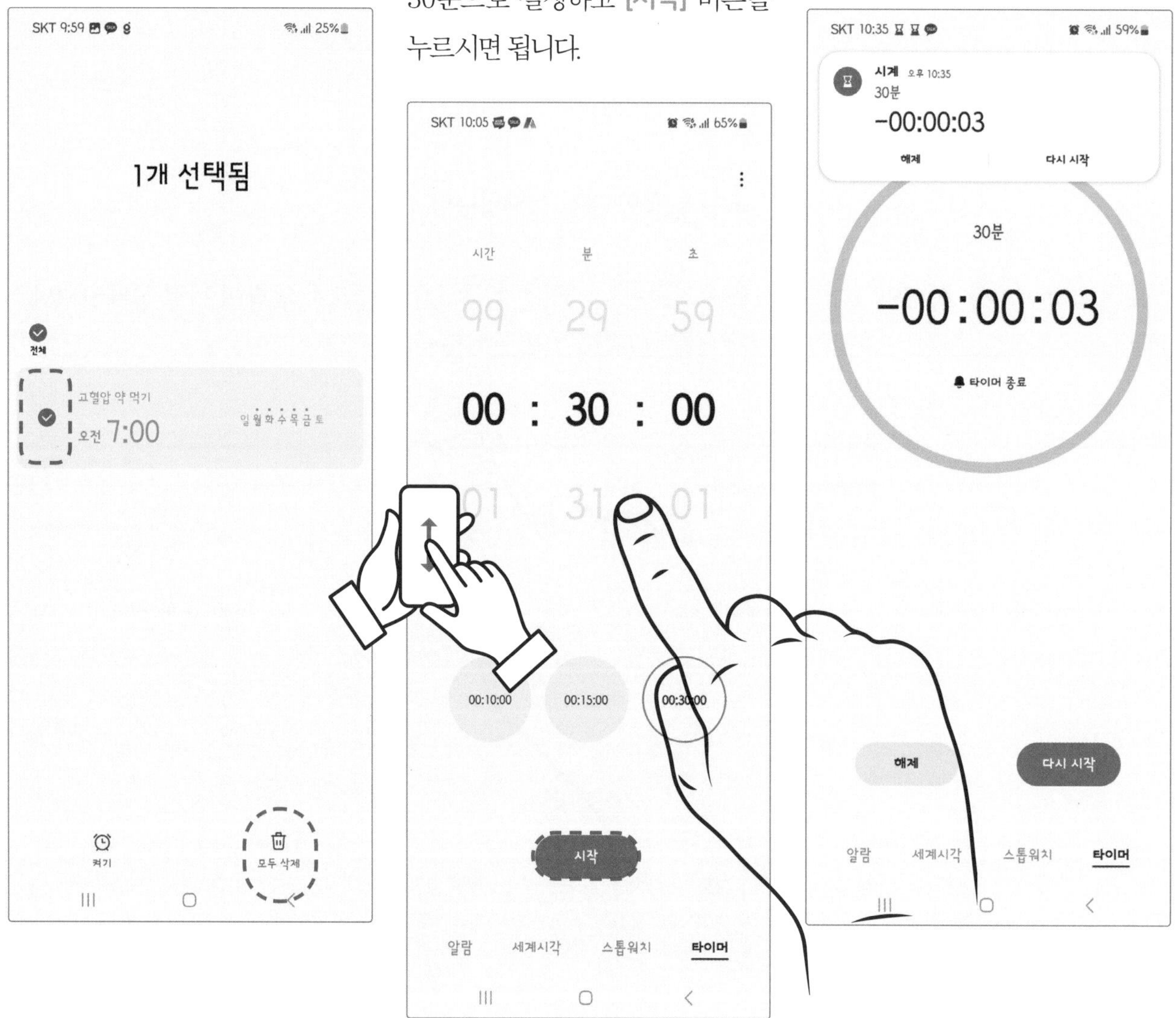

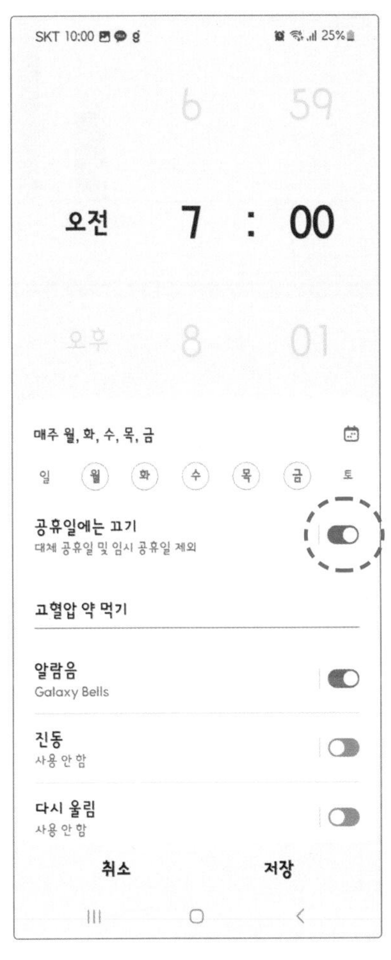

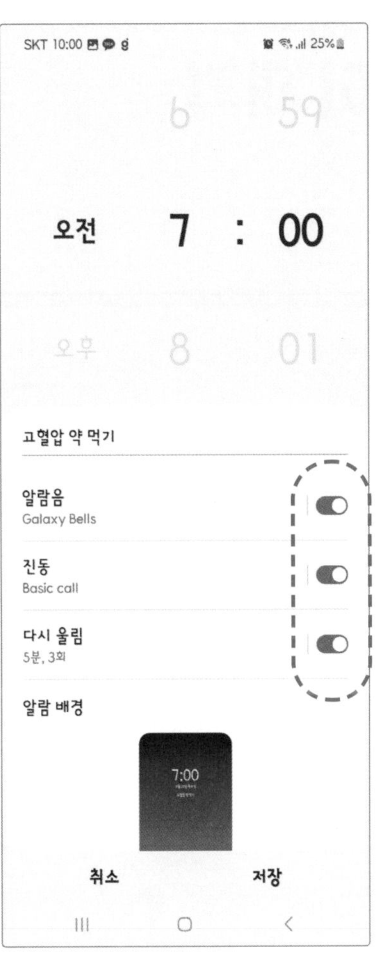

공휴일에는 알람 끄기 기능도 이용할 수 있어요. '공휴일에는 끄기' 기능 오른쪽에 있는 스위치를 켜주시면 공휴일에는 알람을 안 울리게 할 수 있습니다. 단, 대체 공휴일이나 임시 공휴일은 포함되지 않는다는 점도 꼭 기억해 주세요.

[알람음] 메뉴를 누르면 알람 벨소리 크기 조절 및 벨소리 종류 선택이 가능하고, [진동] 메뉴는 알람 소리와 함께 동시에 울리는 진동 모드에 대한 설정, [다시 울림] 설정은 알람이 울렸을 때 듣지 못하고 계속 자는 경우를 대비해 순차적으로 계속 알람을 울리게 하는 기능입니다.

이번 섹션에서 알려 드린 알람 설정 기능을 통하여 수면, 기상 알람은 물론 반려견 산책 시간, 식사 시간들도 챙길 수 있어요. 가끔 바쁘게 지내다 보면 끼니를 거를 때가 있습니다. '밥이 보약이다'라는 말처럼 식사 알람을 통해 식사를 꼭 챙기고 건강도 유지하셨으면 좋겠습니다.

알람이 울리기 시작했을 때 [해제] 버튼을 누르면 해당 알람이 해제되고 다시 울리지 않습니다. 하지만 [다시 울림]을 선택하면 미리 지정된 시간이 지난 뒤에 다시 알람이 울립니다.

만약 다시 알람이 울려야 하는 상황이라면 [해제] 버튼을 누르지 않도록 조심해야 합니다.

1-4 스마트폰 하나로 줄자없이 길이 재기

이럴 때 사용해요

"아들이 오래된 책장을 새로 구입해 준다고 하면서 기존 책장이 들어간 자리의 길이를 물어봤어요. 그런데 집에 줄자가 없어 길이를 잴 수 없었어요. 늦은 시간이라 사러 나갈 수도 없고 난감해요."

이번 섹션에서는 스마트폰 하나로 줄자없이 길이 재는 방법에 대해서 알아보도록 하겠습니다. 책장 사이 공간, 물건의 길이 등을 측정해야 할 때 줄자가 없더라도 스마트폰으로 편리하게 길이를 잴 수 있습니다.

간편 측정으로 길이 재기

1 먼저 홈 화면에서 [카메라] 앱을 실행해 줍니다.

2 카메라 화면이 켜지면 [더보기]를 터치해 줍니다.

3 여러 가지 카메라 기능 목록이 화면에 나타나는데, 위쪽에 보이는 [AR 존]을 선택합니다.

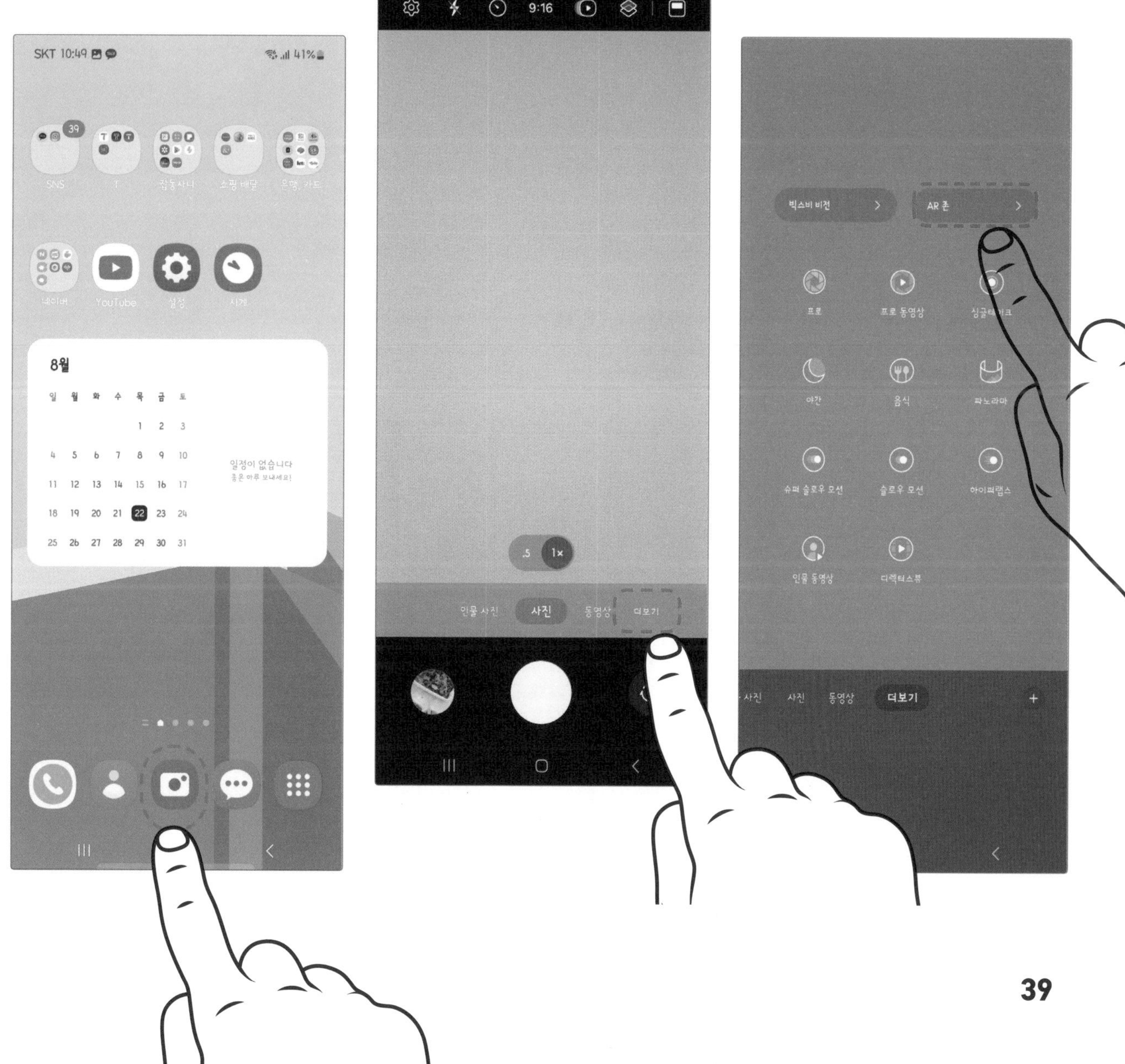

4

AR 기능 중에서 [간편 측정]을 눌러 주도록 합니다.

다운로드 화면이 켜지면 '설치 후 자동 실행'을 체크해 준 뒤 [설치]를 누릅니다.

간편 측정이 켜지면 화면 중앙을 시작점에 맞추고 (+) 버튼을 누릅니다.

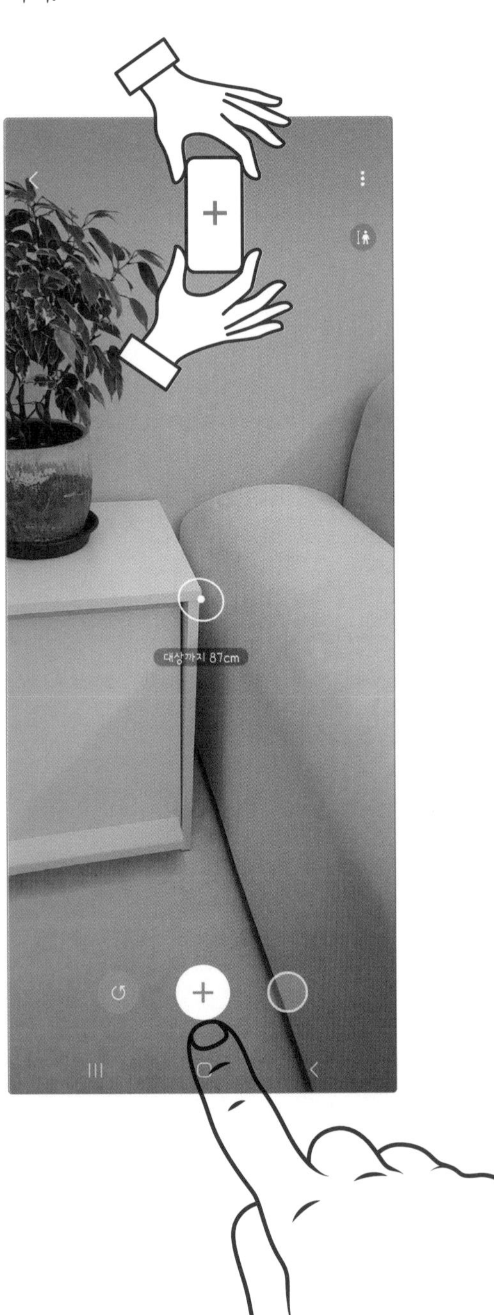

7

이번에는 스마트폰을 움직여 화면 중앙을 끝점에 맞춘 뒤 다시 한번 ⊕를 누릅니다.

8

길이 측정이 완료되어 길이가 표시됩니다. 같은 방식으로 다른 지점의 길이 측정도 이어나갈 수 있습니다.

9

한 가지 팁을 드리자면 시작점을 지정할 때 대상까지의 거리가 표시되는데 끝지점을 지정할 때까지 이 거리를 유지해야 정확한 길이 측정이 가능합니다.

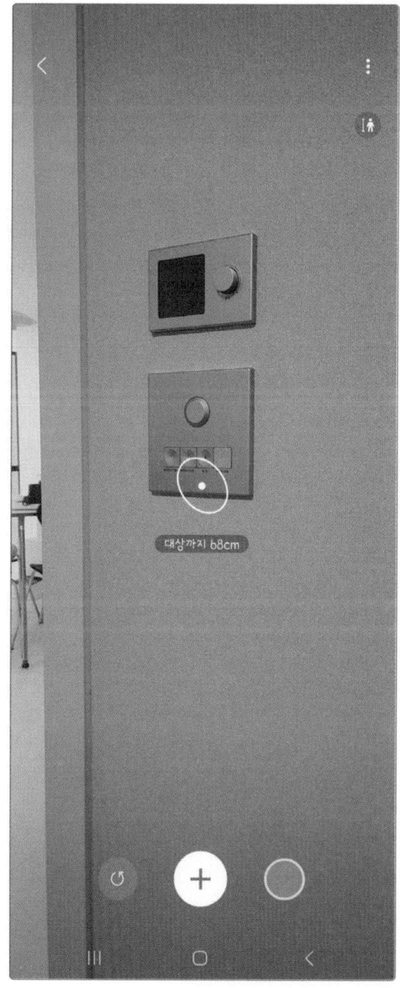

키 측정하기

1

키를 측정하려면 화면에 보이는 [키 측정()] 버튼을 눌러 줍니다.

2

화면 중앙을 '발끝'에 맞추고 ⊕ 버튼을 누릅니다.

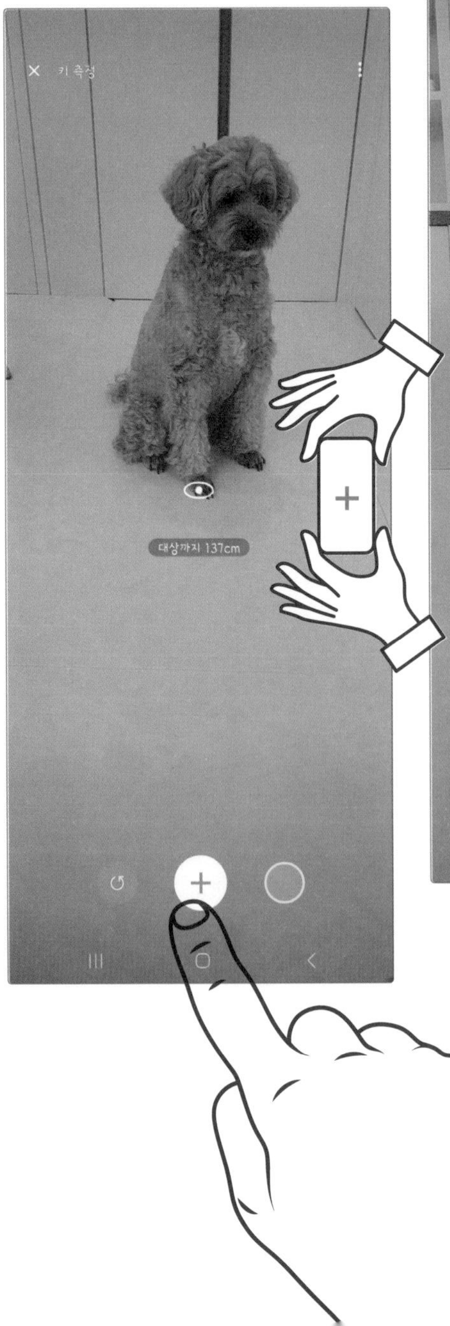

3

화면 중앙을 '머리끝'에 맞추고 기다리면 측정이 완료되고 키가 표시됩니다.

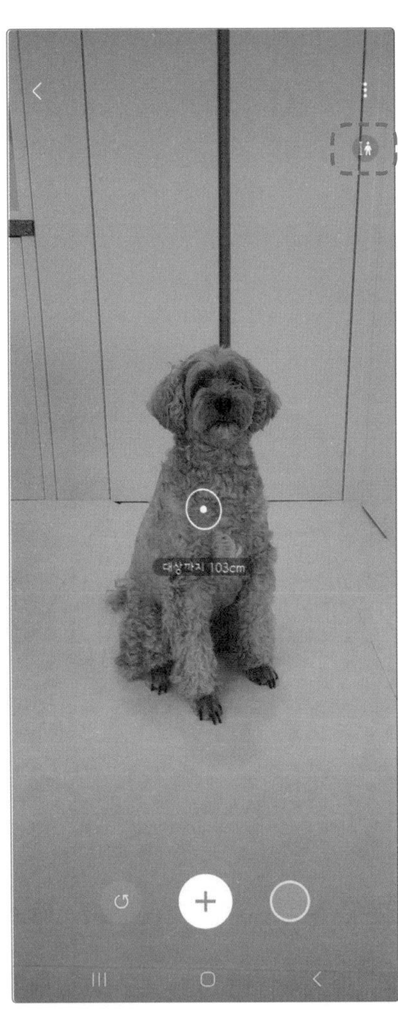

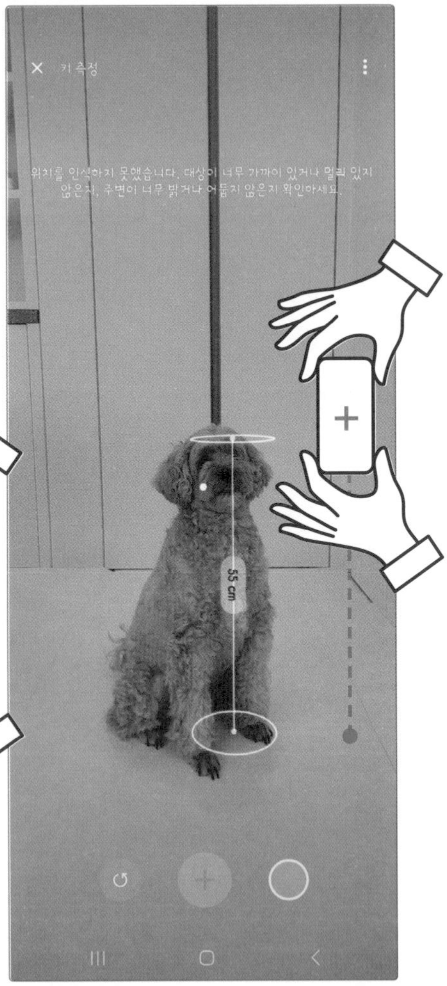

4

⊕ 버튼 오른쪽에 있는 [셔터] 버튼을 누르면 측정 화면이 앨범에 저장됩니다.

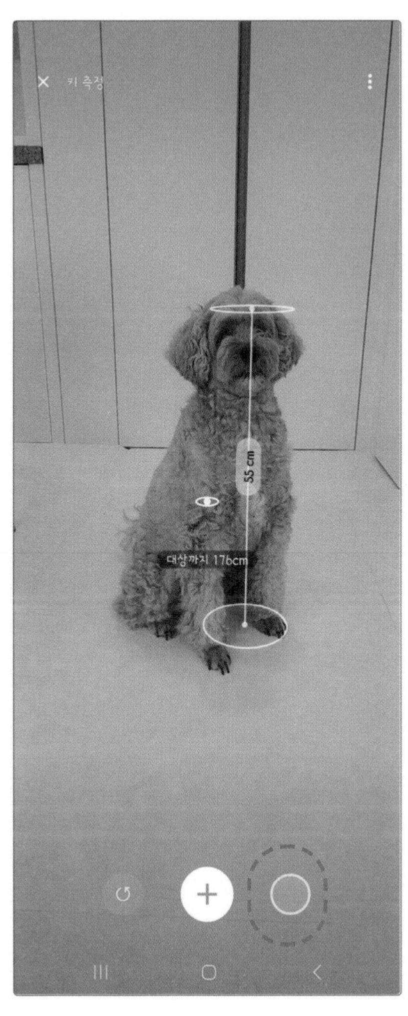

이번 섹션에서 알려 드린 스마트폰 길이 재기 기능은 급하게 사물, 공간의 길이를 재야 할 때 편리하게 사용할 수 있습니다. 다만, 약간의 오차가 발생할 수 있기 때문에 참고용으로 활용하는 것이 좋습니다.

추가적으로 알려 드린 키 측정하기 기능은 집에 놀러온 손자, 손녀의 키를 재는 용도로 이용하면 좋습니다. 손자, 손녀 혹은 반려 동물의 키도 재고 이를 사진으로 저장할 수 있습니다.

더 자세한 내용은 영상을 통해 확인해 보세요.
해당 내용을 영상으로 살펴보시고 궁금한 사항은 댓글을 통해 질문해 보세요.

QR코드 확인하는 방법
10쪽 참고

1-5 스마트폰을 잃어버렸을 때 바로 찾아보기

"외출하고 돌아왔는데 주머니에서 휴대폰이 사라진 것을 알게 되었어요.
왔던 길을 되돌아가 봐도 어디 있는지 보이지가 않아요.
딸이 선물해준 고가의 휴대폰인데 잃어버리면 너무 속상할 것 같아요."

이번 섹션에서는 스마트폰을 잃어버렸을 때 바로 찾을 수 있는 방법에 대해서 알아보도록 하겠습니다. 갤럭시 휴대폰을 잃어버려 어디에 있는지 모르는 상황에서 삼성 파인드 기능을 이용하면 위치를 조회하고 찾을 수 있습니다.

Samsung Find로 휴대폰 찾아보기

❶ 가족 또는 지인의 휴대폰을 빌려 '삼성 파인드'를 검색한 뒤 첫 번째 사이트로 들어가 줍니다.

❷ 본인의 삼성 계정으로 로그인하면 현재 등록되어 있는 기기를 확인할 수 있습니다.

❸ 이제 등록된 기기의 위치를 조회할 수 있습니다. 해당 위치로 이동한 다음에는 '소리 울리기'를 눌러 울리는 벨소리를 통해 휴대폰을 찾을 수 있습니다.

4

[더보기] 화면에서는 '휴대전화 위치 추적', '배터리 시간 늘리기', '휴대전화 잠금'과 같은 기능이 지원됩니다.

5

'휴대전화 위치 추적'의 경우 15분마다 위치를 업데이트해 휴대폰의 위치가 바뀌는지 확인할 수 있습니다.

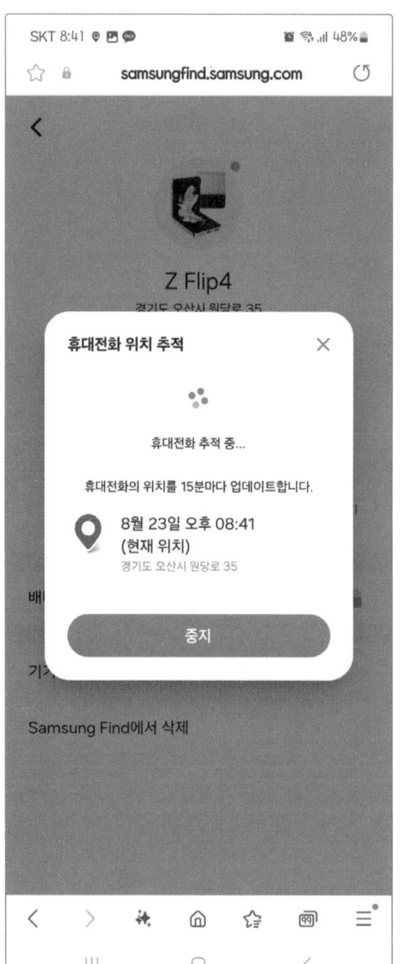

6

'배터리 시간 늘리기'를 통해 초절전 모드로 전환해 휴대폰을 찾기 전에 전원이 꺼지는 것을 방지해 줍니다.

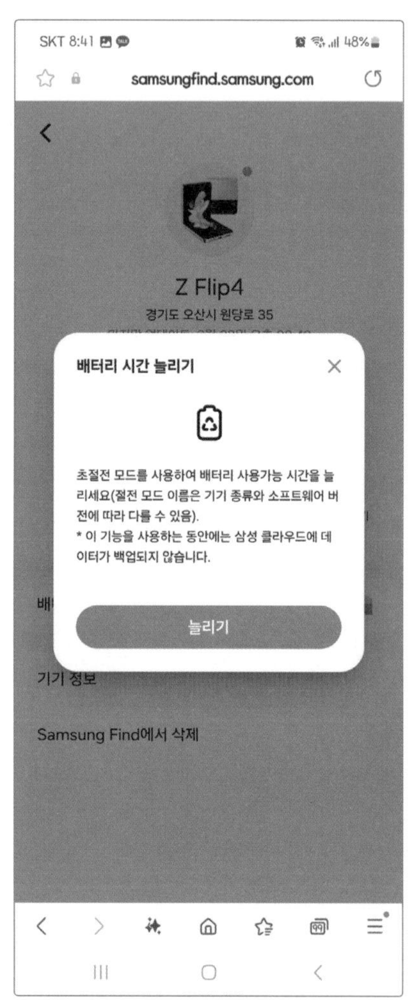

7

'휴대전화 잠금' 기능은 다른 사람이 무단으로 사용하거나 전원을 끌 수 없도록 보호할 수 있습니다.

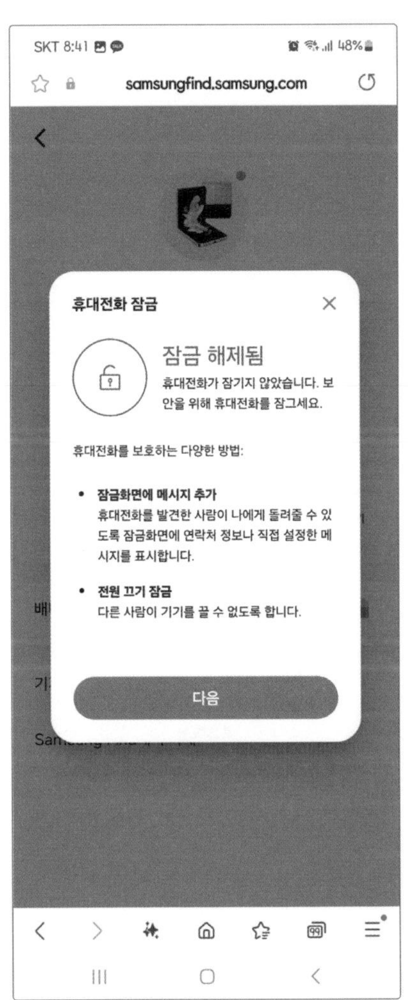

8

해제에 필요한 PIN 번호와 긴급 연락처, 그리고 분실된 기기에 표시할 메시지를 입력한 뒤 잠글 수 있습니다.

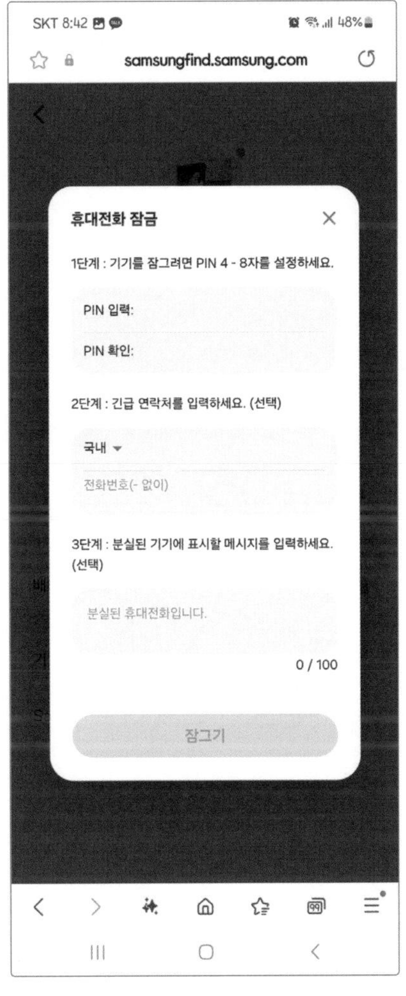

9

개인정보 유출이 걱정된다면 '데이터 삭제'를 진행합니다.

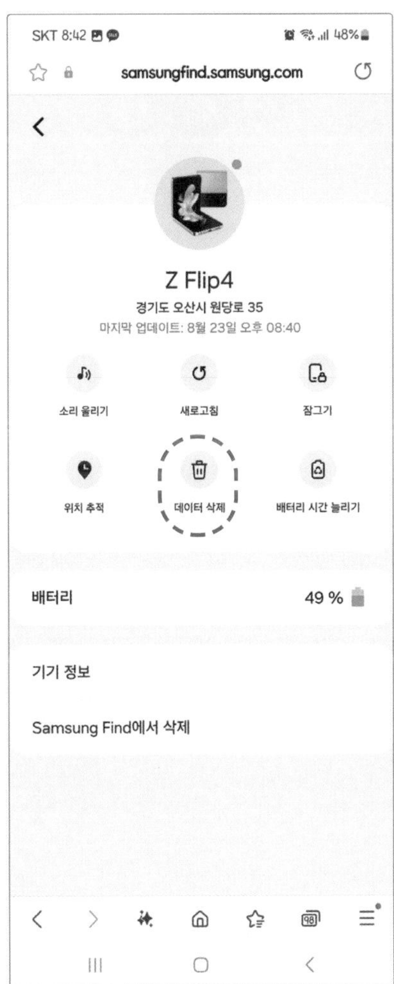

사전 설정하기

1

위치 찾기 기능을 위해서는 사전 설정이 필요합니다. 홈 화면에서 [설정]으로 들어가 주세요.

2

목록 첫 번째 항목인 '삼성 계정'을 누릅니다.

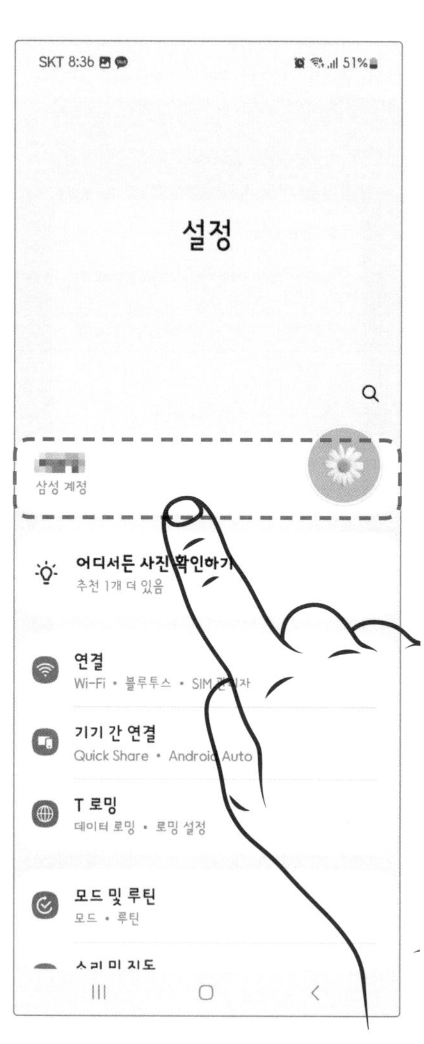

3

다음 화면에서는 [내 디바이스 찾기]를 선택합니다.

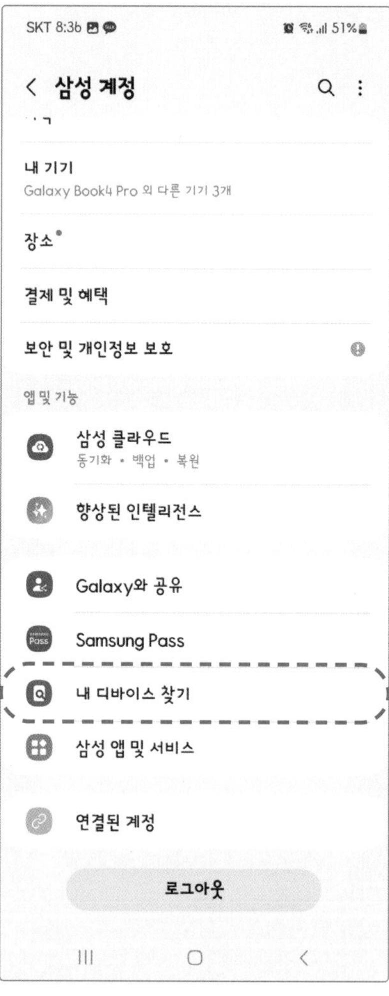

'이 휴대전화를 찾을 수 있도록 허용', '마지막 위치 보내기', '오프라인 찾기'의 오른쪽 버튼을 터치해 활성화해 줍니다.

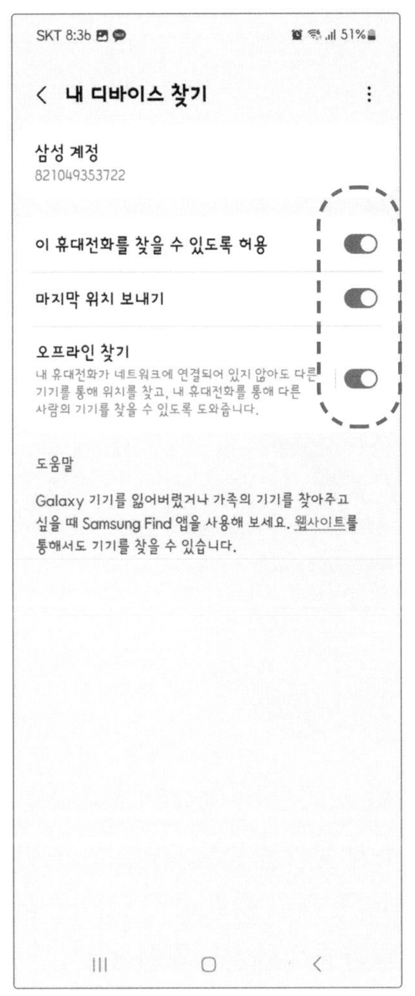

이번 섹션에서 알려 드린 기능을 평소에 알고 계시면 나도 모르게 휴대폰을 분실했을 경우 빠르게 위치를 조회하고 휴대폰 화면에 연락 가능한 전화번호를 표시하는 등의 빠른 대처가 가능합니다.

다만, 휴대폰 위치 찾기 기능을 원활히 실행하려면 사전에 관련 설정들을 활성화해 주어야 합니다. 잊지 말고 미리 설정해 주세요.

더 자세한 내용은 영상을 통해 확인해 보세요.
해당 내용을 영상으로 살펴보시고 궁금한 사항은 댓글을 통해 질문해 보세요.

QR코드 확인하는 방법 10쪽 참고

1-6 지긋지긋한 스팸 문자 싹 차단하기

이럴 때 사용해요

"시도 때도 없이 오는 스팸 문자에 스트레스를 받아요. 알람에 휴대폰을 확인하느라 다른 일에 집중을 못할 때가 많아요. 가능하다면 싹 다 차단해 버리고 스트레스를 안 받고 싶은데 방법을 모르겠어요."

이번 섹션에서는 지긋지긋한 스팸 문자를 모두 차단하는 방법에 대해서 알아보도록 하겠습니다. 하루 종일 울려 대는 스팸 문자를 간단하게 차단하고 알람이 울리지 않도록 설정할 수 있습니다.

스팸 문자 차단하기

1 홈 화면에서 [메시지] 앱을 실행해 줍니다.

2 문자 목록에서 차단하고 싶은 스팸 문자 항목으로 들어가 전화번호 오른쪽에 있는 화살표(⌄)를 누릅니다.

3 [수신 차단] 버튼을 선택합니다.

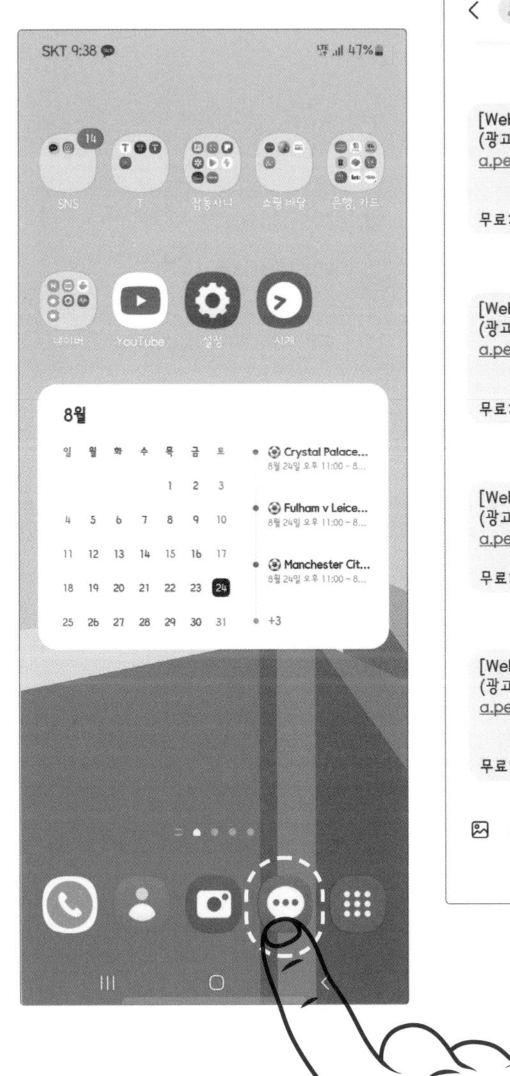

02-511-6381
8월 13일 화요일
[Web발신]
(광고)펫프 8천원 쿠폰 도착!
a.pet-friends.co.kr/hrbeci
무료거부 0808100179
8월 14일 수요일
[Web발신]
(광고)펫프 8천원 오늘만료
a.pet-friends.co.kr/a9oovi
무료거부 0808100179
8월 18일 일요일
[Web발신]
(광고)펫프선물 8천원 오늘만료
a.pet-friends.co.kr/p3p8ku
무료거부 0808100179
8월 24일 토요일
[Web발신]
(광고)펫프 8천원 쿠폰 도착!
a.pet-friends.co.kr/hrbeci
무료거부 0808100179

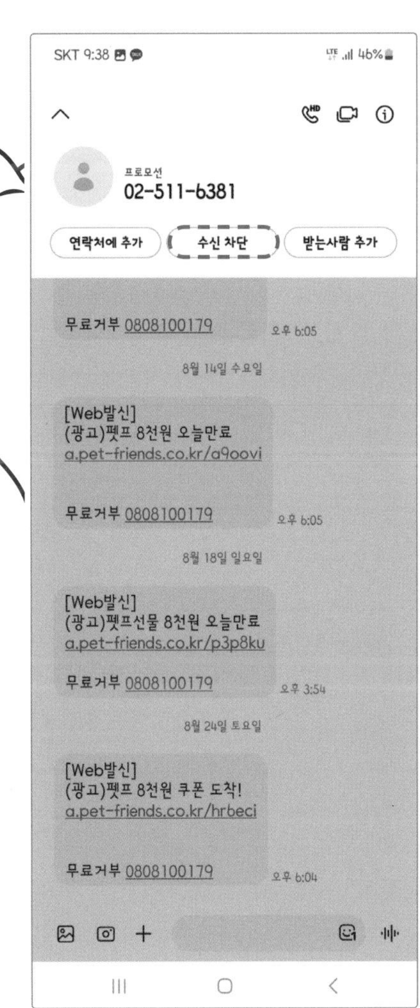

4

화면 아래에 나타난 안내의 [차단]을 터치하면 해당 스팸 문자가 차단됩니다.

5

메시지 초기 화면으로 돌아가 [점 세 개(⋮)] 버튼을 누릅니다.

목록에서 [설정]으로 들어갑니다.

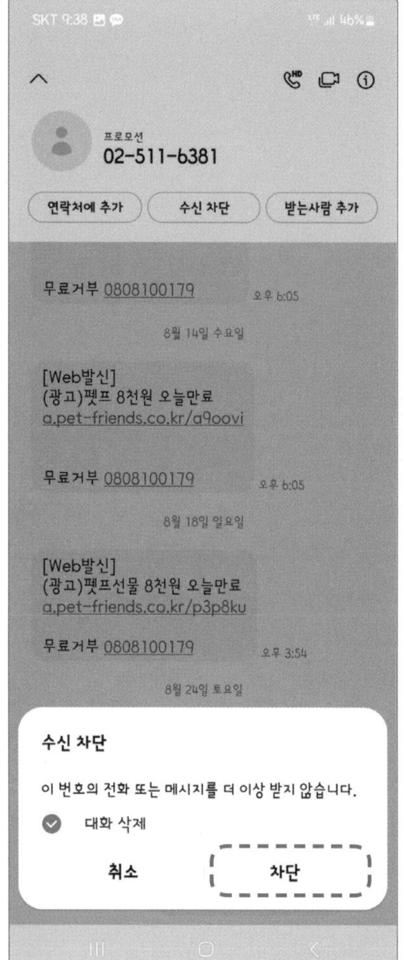

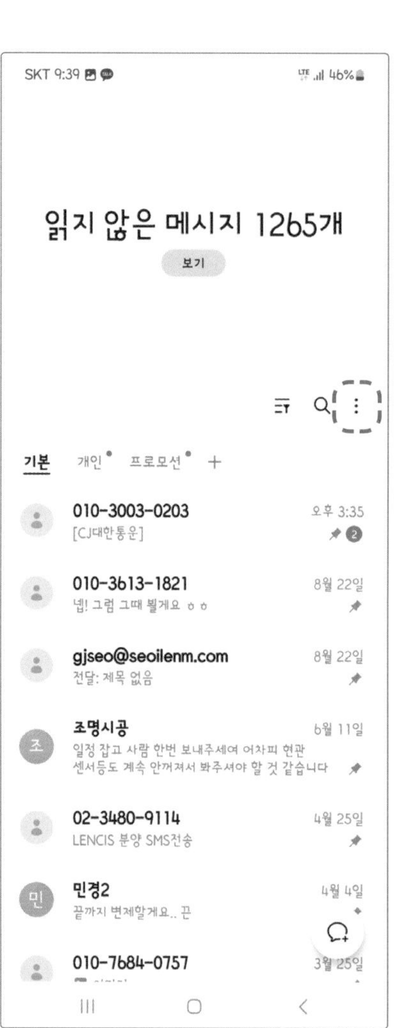

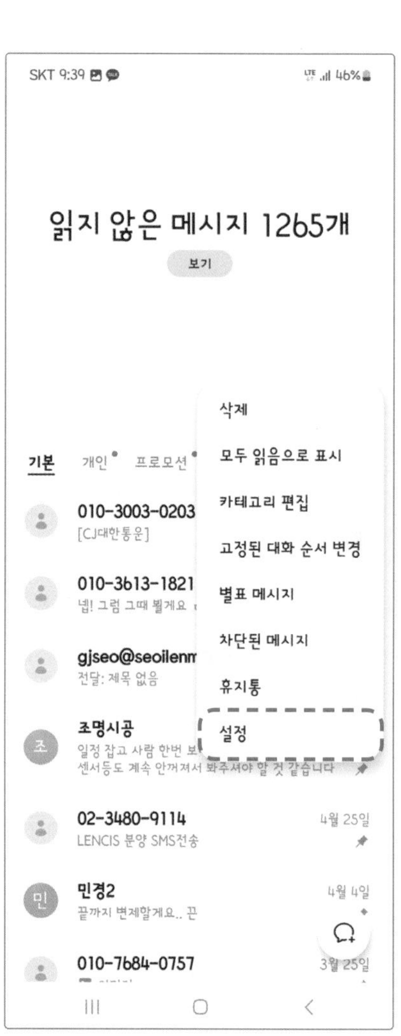

7

다음 화면에서 [스팸 및 차단 번호 관리]를 선택합니다.

8

첫 번째 메뉴인 [수신 차단/해제]를 누릅니다.

9

이곳에서 입력 창에 차단하려는 번호를 입력한 뒤 오른쪽 [+] 버튼을 누르면 차단 번호로 추가할 수 있습니다.

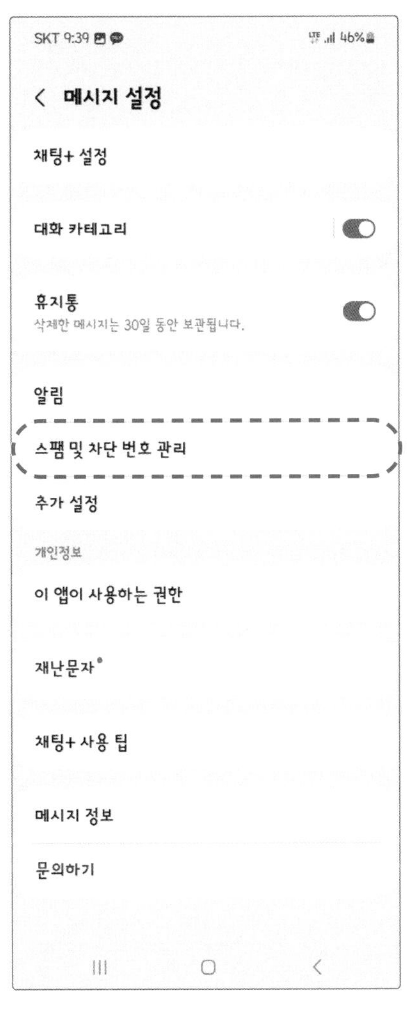

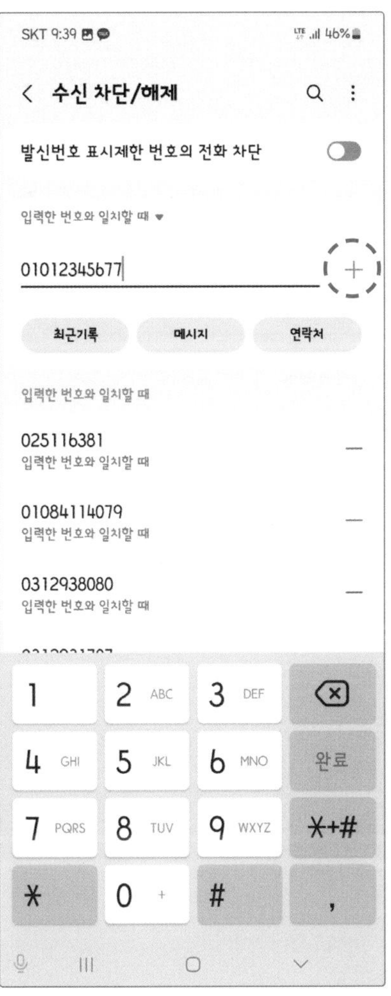

10

만약 스팸 차단을 해제하고 싶다면 번호 오른쪽에 있는 [-] 버튼을 눌러 줍니다.

차단 문구 설정하기

특정 문구가 포함된 문자를 차단하려면 이전 화면에서 [차단 문구 관리]로 들어갑니다.

2

오른쪽 상단 [+] 버튼을 누르고 차단할 문구를 추가해 줍니다. 이제 해당 문구가 포함된 문자가 차단됩니다.

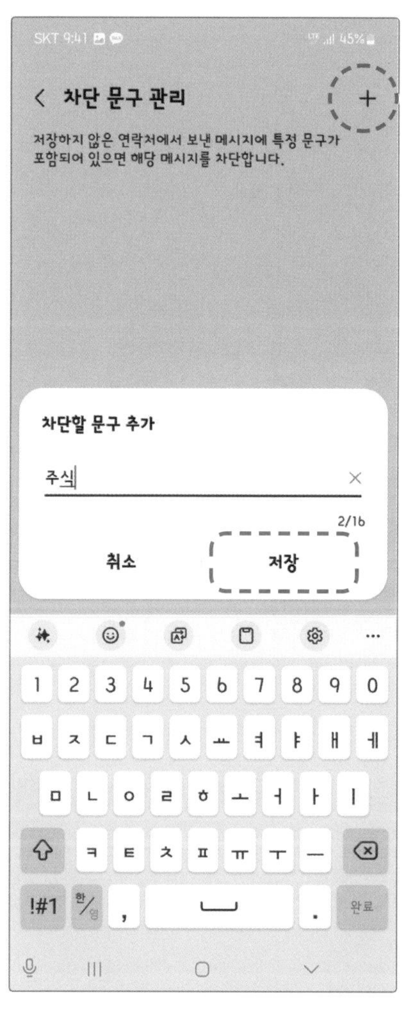

평소 넘치는 스팸 문자로 인하여 고민이셨던 분들이라면 이번 섹션에서 알려 드린 여러 가지 기능을 통해 스팸 문자를 사전 차단하고 불필요한 알람이 울리지 않도록 설정해 보시기 바랍니다. 지속적으로 스팸 문자가 전송되는 전화번호는 그때그때 바로 차단하여 스트레스를 줄여 보세요.

또한 스팸 문자에 자주 포함되는 문구들을 차단 문구 설정 기능에 추가하면 전화번호로 등록하지 않아도 해당 문구들이 포함된 스팸 문자들이 자동으로 모두 차단됩니다. 예를 들어 '주식', '투자', '로또'와 같은 문구들을 설정해 주면 좋습니다.

더 자세한 내용은 영상을 통해 확인해 보세요.
해당 내용을 영상으로 살펴보시고 궁금한 사항은 댓글을 통해 질문해 보세요.

QR코드 확인하는 방법 10쪽 참고

1-7 내가 찍은 사진에 글자도 함께 써 보기

이럴 때 사용해요

"등산을 가서 산 정상에서 촬영한 사진에 오늘 날짜를 기록하고 싶어요. 친구들과 여행가서 찍은 사진에 모두의 이름을 넣고 싶어요. 친구에게 보내는 사진에 하고 싶은 말을 적어 보내려고 하는데 방법을 몰라 답답해요."

이번 섹션에서는 내가 찍은 사진에 글자도 함께 써 보는 방법에 대해서 알아보도록 하겠습니다. 사진을 촬영한 후 직접 적은 글자 또는 텍스트를 삽입해 사진을 꾸미거나 기록을 남길 수 있습니다.

그리기 기능으로 사진 글자 쓰기

1 홈 화면에서 [갤러리]를 눌러 앨범을 실행해 줍니다.

2 앨범에서 글자를 쓰려는 사진을 선택해 줍니다. 하단 메뉴에서 [연필] 모양 버튼(✎)을 누릅니다.

3 편집 모드로 화면이 바뀌면 [그리기] 버튼(☺)을 눌러 주도록 합니다.

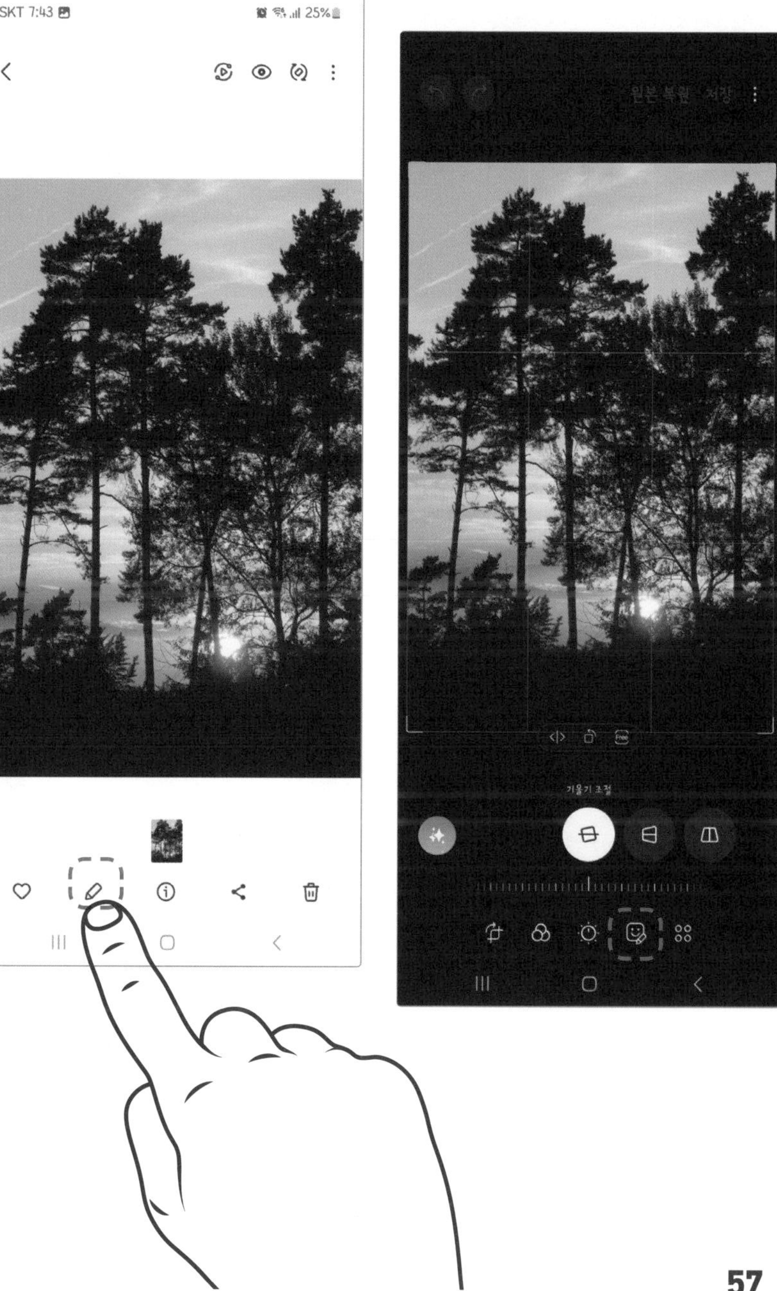

4

'그리기' 기능이 나타납니다. [펜] 모양의 버튼(✎)을 누릅니다.

5

[펜] 모양의 버튼(✎)을 누르면 펜 스타일, 굵기, 색상을 선택할 수 있습니다. 사용하고 싶은 도구를 선택해 줍니다.

6

이제 화면에 S펜 또는 손으로 쓰고 싶은 글자를 그리듯이 적어 줍니다.

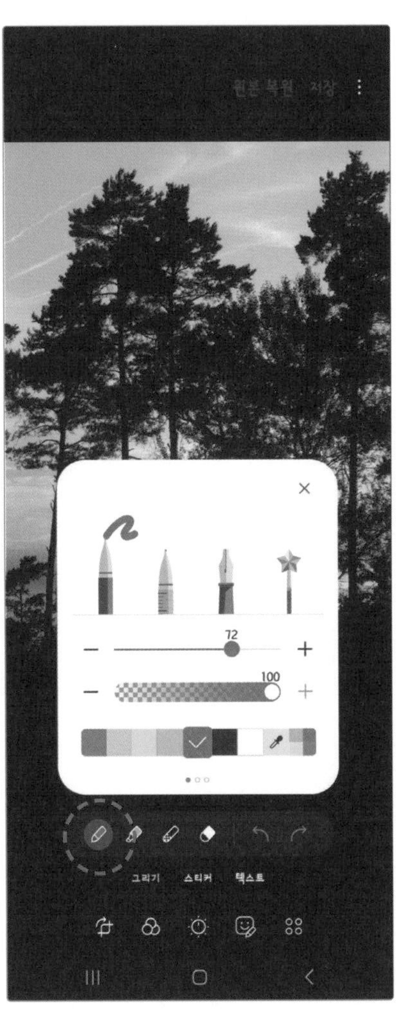

7

내가 적은 글자를 지우고 싶다면 [지우개] 모양의 버튼(◐)을 눌러 지울 수 있습니다.

8

또는 화면 아래에 있는 [되돌리기] 버튼(↶)을 통해 방금 수행한 작업을 취소하고 이전 그림으로 돌아갈 수 있습니다.

9

글자를 다 썼다면 상단 [저장]을 누른 뒤 앨범에서 사진을 확인하면 됩니다.

텍스트 삽입하기

1

편집 화면에서 [텍스트]를 누르면 텍스트를 사진에 삽입할 수 있습니다.

2

하단 메뉴에서는 삽입할 텍스트의 정렬, 글꼴, 색상, 스타일을 선택할 수 있습니다.

3

자판을 이용해 삽입할 텍스트를 입력하고 [완료]를 누릅니다. 왼쪽 조절바로 글자 크기를 조절할 수 있습니다.

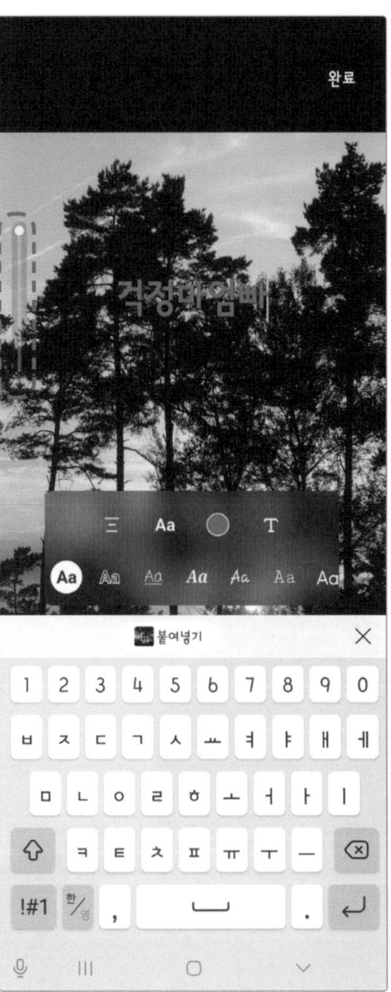

4

마지막으로 삽입된 텍스트를 눌러 위치를 조정해 줍니다. 그리고 [저장]을 눌러 저장을 완료합니다.

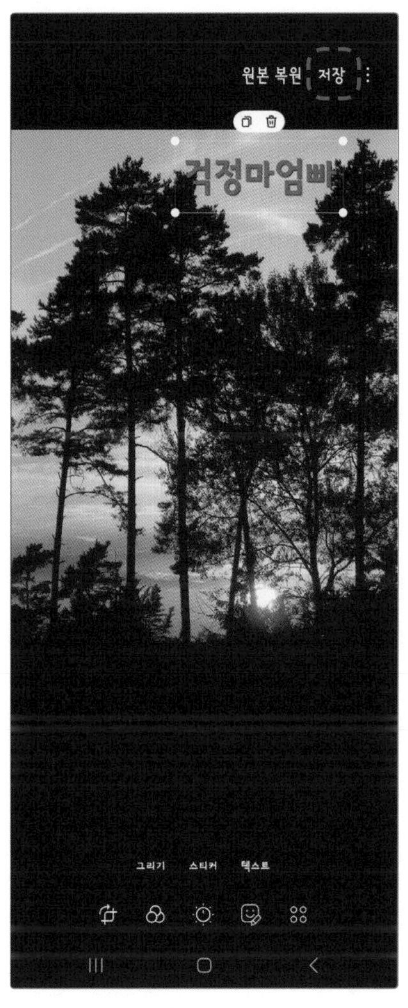

이번 섹션에서 알려 드린 여러 가지 기능을 통해 일상에서 촬영한 사진을 꾸미거나 기록을 남길 때 자유롭게 활용해 보세요. 날짜, 이름, 글귀 등을 사진에 적어 친구들이나 가족들에게 카드처럼 보내보시기 바랍니다.

그리기 기능 외에도 텍스트 기능을 이용하면 원하는 크기, 글씨체, 색상 등으로 텍스트를 사진에 삽입할 수 있습니다. 좀 더 깔끔한 글자를 사용할 수 있으니 함께 이용해 보는 것이 좋겠습니다.

사진을 편집하고 저장할 때는 2가지 선택지가 있습니다. 편집 후 원본 사진은 그대로 두고 새로운 사진으로 저장할지, 아니면 원본 사진에 덮어쓰기로 저장할지 선택해야 합니다.

만약 다른 파일로 저장하는 것을 원한다면 [⋮]를 누르고 [다른 파일로 저장]을 선택해 주어야 합니다.

시니어를 위한

스마트폰 활용 with 챗GPT

1. 카카오톡에서 챗GPT 활용해 보기(AskUp - 아숙업)

2. 카톡 단톡방에서 남들 몰래 나가기

3. 잘못 보낸 카톡 메시지 1초 만에 삭제하기

4. 내 카톡 프로필 몰래 훔쳐 본 사람 알아내기

5. 카카오톡 페이스톡 하기

2장

남들과는 다르게
카카오톡 활용하기

카톡 활용하기

2-1 카카오톡에서 챗GPT 활용해 보기(AskUp - 아숙업)

이럴 때 사용해요

"키오스크 사용 방법을 알고 싶은데 어디다 물어봐야 할지 모르겠어요. 곧 9살 손녀의 생일이라 깜짝 선물을 준비하려고 하는데 어떤 선물을 좋아할지 고민입니다. 궁금한 게 있을 때마다 아들을 귀찮게 하는 게 아닌가 싶어 어디 물어볼 곳이 있으면 좋겠어요."

이번 섹션에서는 카카오톡에서 챗GPT 활용법과 AskUp(아숙업) 사용법에 대해서 알아보도록 하겠습니다. 무엇이든 알려주는 대화형 인공지능 챗GPT를 카카오톡에서도 사용할 수 있습니다.

카카오톡 AskUp - 아숙업 사용하기

1

먼저 [카카오톡] 앱을 설치하고 실행해 줍니다.

2

'친구' 화면에서 상단 [돋보기] 모양의 버튼(🔍)을 누릅니다.

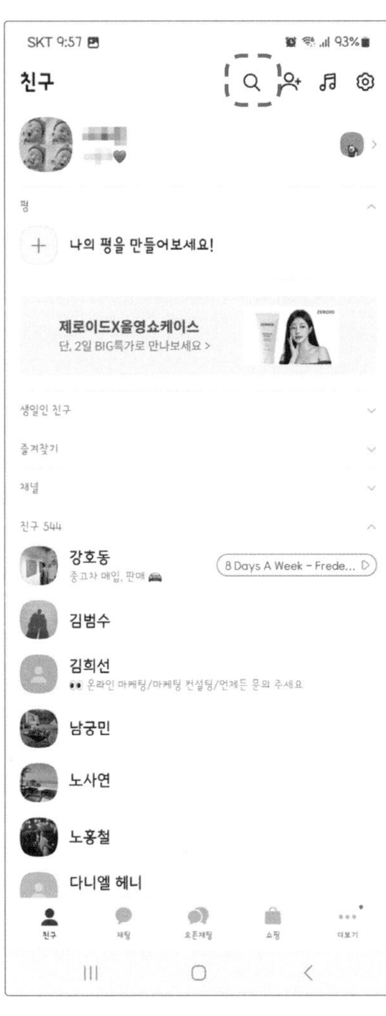

3

"ASK"를 입력하면 '친구'에 AskUp이 나타납니다. 'AskUP'을 선택합니다.

4

[채널 추가] 버튼( )을 눌러 줍니다.

5

팝업 창에서 [채널 추가]를 누릅니다.

6

채널 추가가 완료되었다면 [로봇] 모양의 버튼( )을 누릅니다.

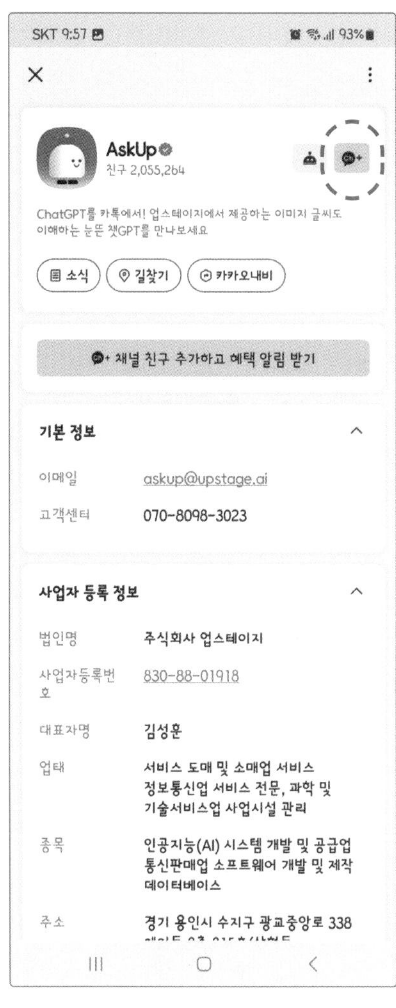

7

아숙업 채팅방으로 이동됩니다. 이제 채팅 창에 궁금한 내용을 입력해 물어봅니다.

8

잠시 기다리면 아숙업의 답변이 전송됩니다. 내용을 확인해 줍니다.

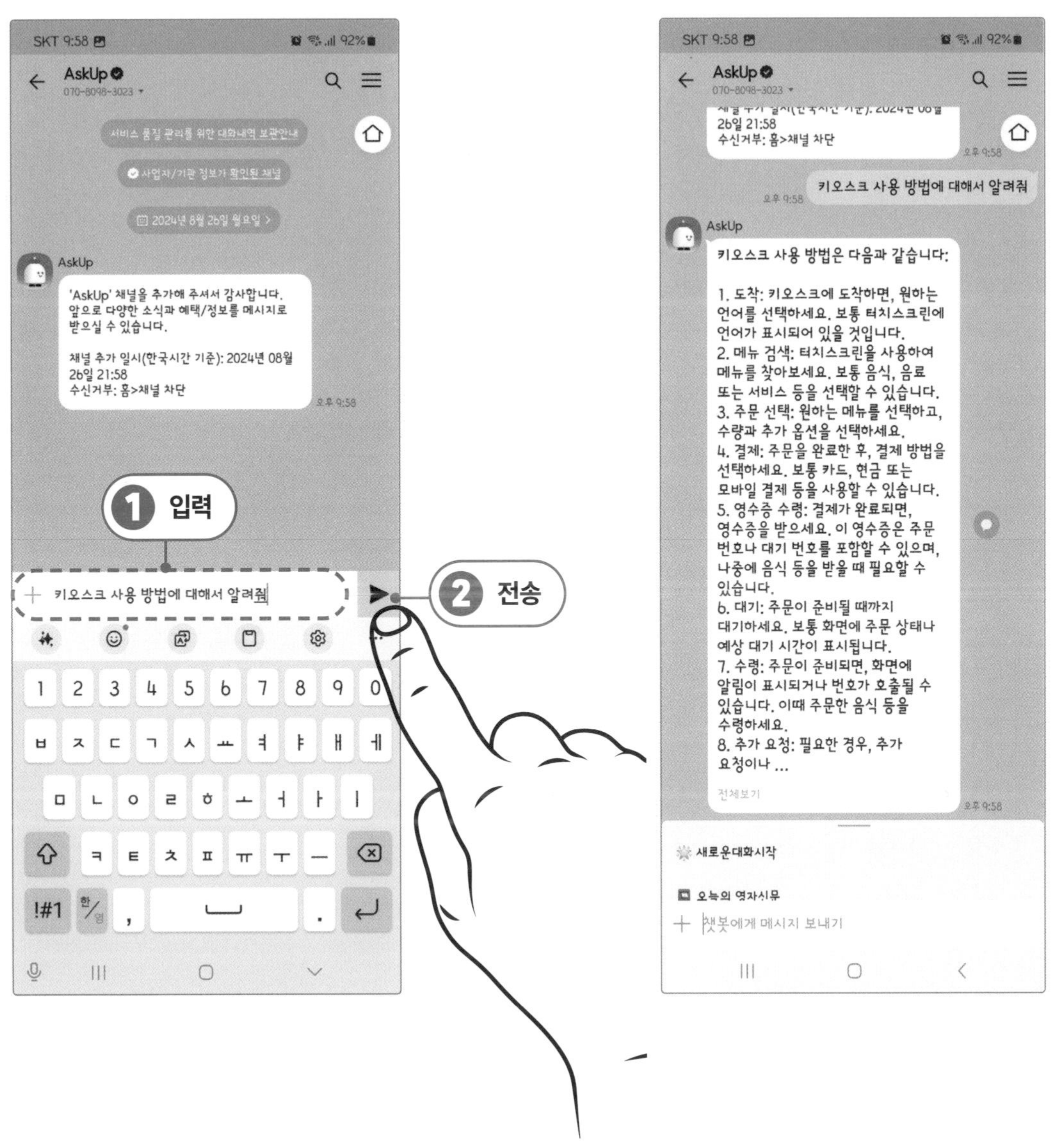

9

내용이 이해가 가지 않는다면 간단하게 정리해 달라고 추가로 요청할 수 있습니다.

정리된 내용을 확인하고 도움을 얻습니다.

아숙업은 일상적인 대화에도 답변을 해주기 때문에 심심할 때 대화를 나눌 수 있는 역할도 합니다.

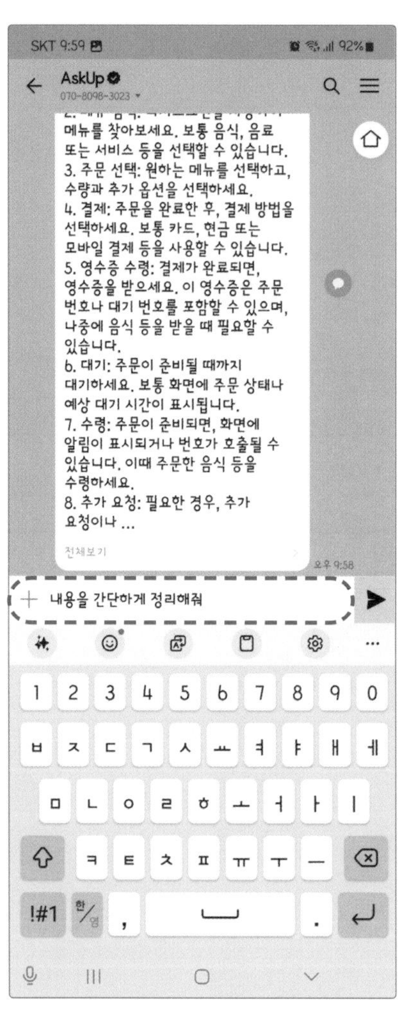

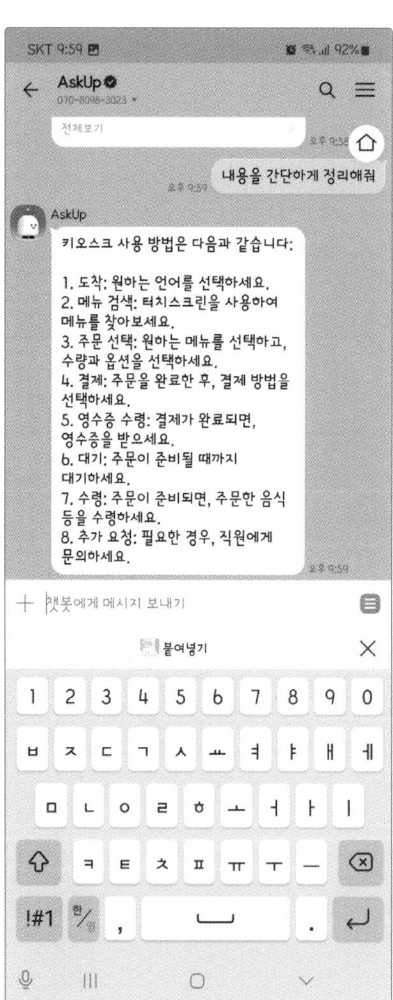

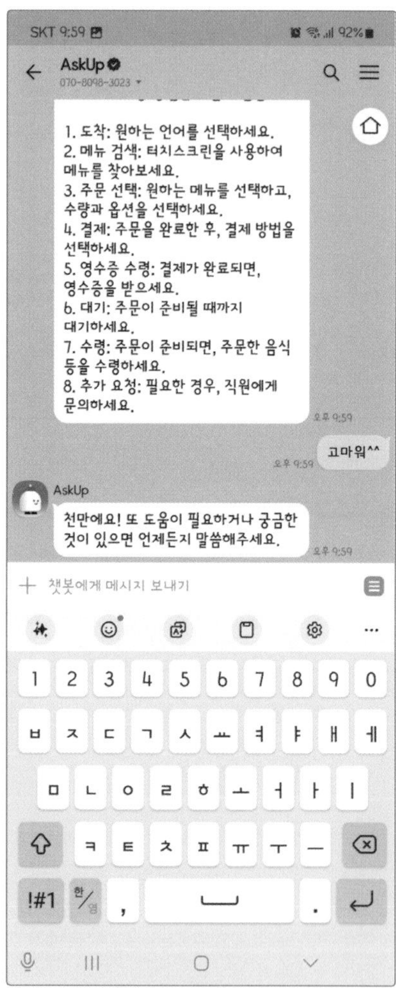

⑫ 다양한 질문들의 답변을 얻을 수 있습니다. **'9살 손녀가 좋아할 선물을 추천해 줘'**라는 질문에 여러 선택지를 제시해 주는 것을 볼 수 있습니다.

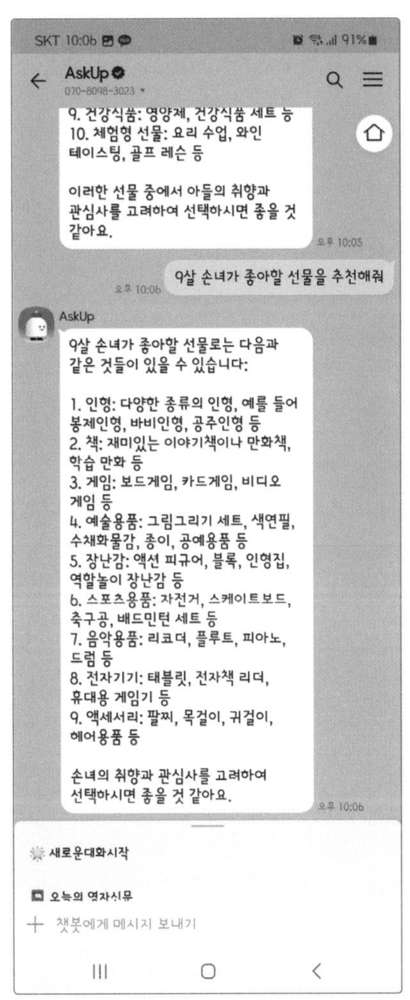

이번 섹션에서 알려 드린 카카오톡 챗GPT, AskUp(아숙업)을 통해 평소 궁금한 것을 질문하고 답변을 받을 수 있습니다. 주변에 물어볼 사람이 없어 답답할 때 유용하게 활용이 가능합니다.

마치 사람과 대화하는 것처럼 일상적인 대화까지 가능하다는 것이 특징입니다. 심심할 때마다 대화를 걸어 보세요. 적적한 시간을 덜 지루하게 보내는데도 도움이 될 것입니다.

아숙업은 과거 데이터를 기반으로 하고 있기 때문에 최신 정보를 얻기 위해서는 검색 포털, 뉴스, 전문가 등의 도움을 받는 것이 좋습니다.

물론 시간이 지나도 바뀌지 않는 정보에 대해서 묻는 경우에는 아숙업을 통해 쉽게 답변을 받을 수 있습니다.

2-2 카톡 단톡방에서 남들 몰래 나가기

이럴 때 사용해요

제가 들어가 있는 단톡방에서 특정 친구와 사이가 안 좋아져 단톡방에서 나가고 싶어요. 그런데 제가 나갔다고 표시가 되면 다른 친구들에게 연락이 와서 이유를 물어볼까봐 선불리 나가지 못하고 있어요. 티나지 않게 단톡방을 나갈 수 있으면 좋겠어요.

이번 섹션에서는 카톡 단톡방에서 남들 몰래 나가는 방법에 대해서 알아보도록 하겠습니다. 보통 단톡방에서 나가게 되면 'OOO가 방에서 나갔습니다.'라고 안내되지만, '조용히 나가기' 기능을 이용하면 티나지 않게 단톡방에서 나갈 수 있습니다.

카카오톡 조용히 나가기

❶ 홈 화면에서 [카카오톡] 앱을 실행합니다.

❷ 아래 메뉴 중 [채팅] 버튼을 눌러서 채팅 목록으로 들어가 줍니다.

❸ 채팅 목록에서 몰래 나가려는 '단톡방'으로 들어가 줍니다.

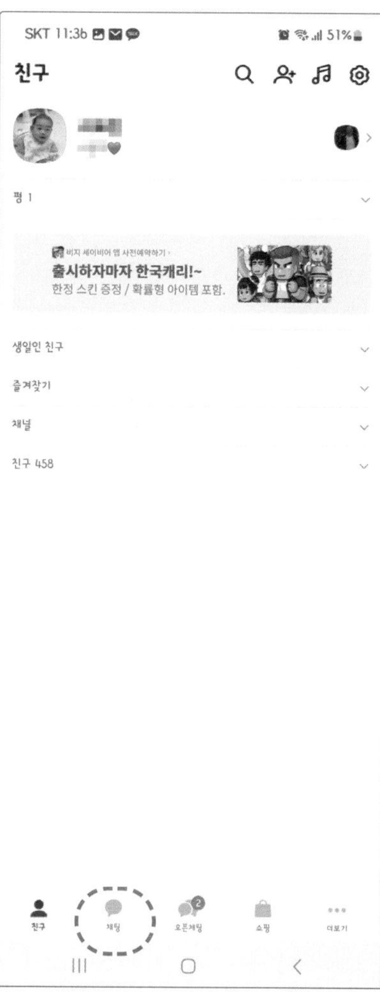

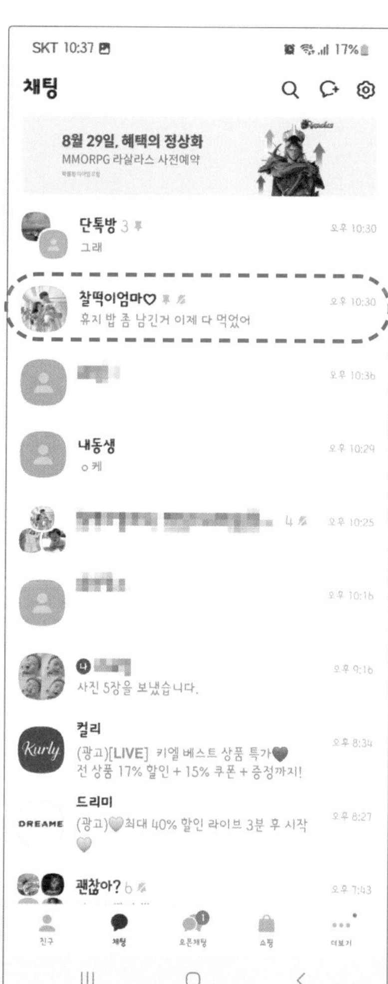

4

단톡방에 들어왔다면 오른쪽 상단의 ☰ 버튼을 눌러 주도록 합니다.

5

채팅방 서랍이 열리면 아래에 있는 [나가기] 버튼을 선택합니다.

6

'채팅방을 나가시겠어요?'라는 안내가 나타나면 [나가기]를 누르기 전에 '조용히 나가기'를 터치해 줍니다.

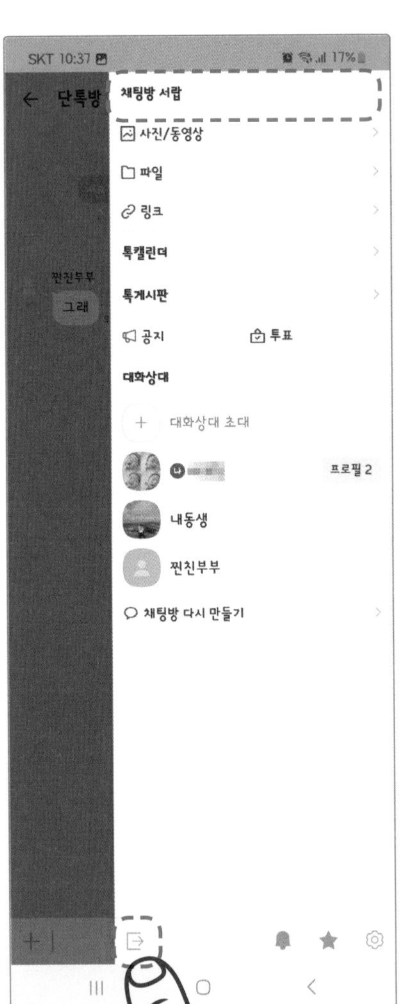

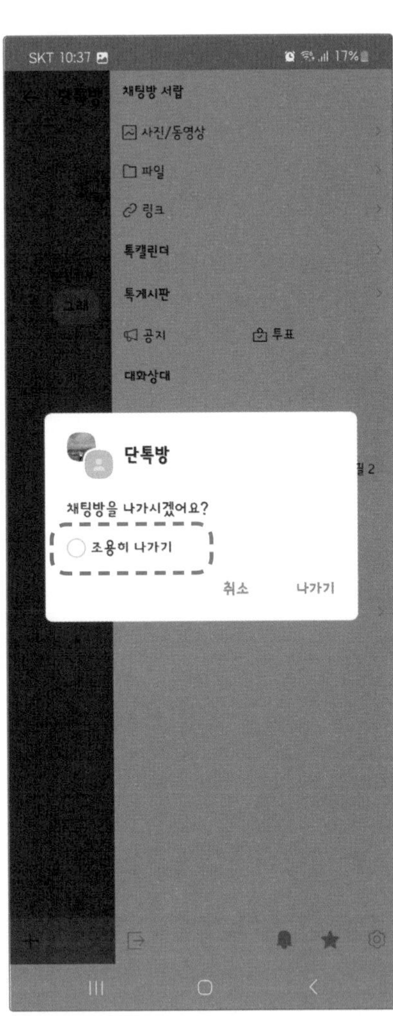

7

'조용히 나가기'에 체크가 되었다면 [나가기] 버튼을 누릅니다.

8

이렇게 단톡방을 나가게 되면 'OOO가 방을 나갔습니다.'라는 문구가 표시되지 않습니다.

9

다만, 채팅방 서랍의 대화 상대 목록에서는 바로 제외된다는 점을 유의해 주세요.

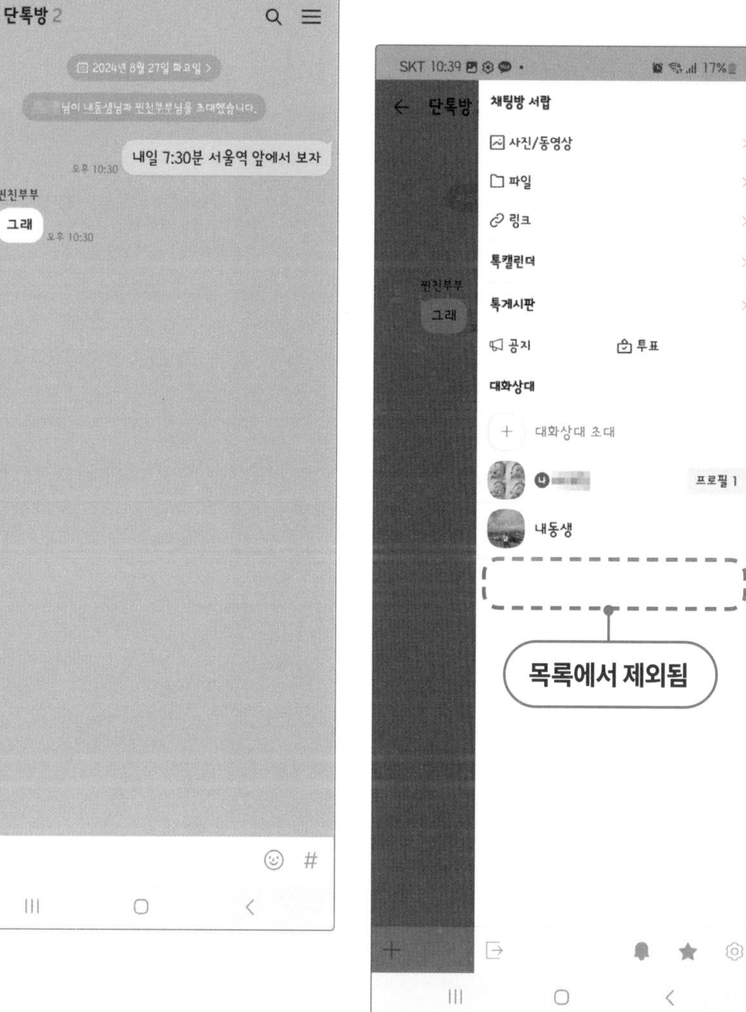

오픈채팅방 몰래 나가기는 닉네임 변경으로

❶ 오픈채팅방에서는 '조용히 나가기'가 불가능해 닉네임 변경 후 나가는 것이 좋습니다. ☰ 버튼을 눌러줍니다.

❷ 대화 상대에서 내 프로필을 선택합니다.

❸ '프로필 편집'을 누릅니다.

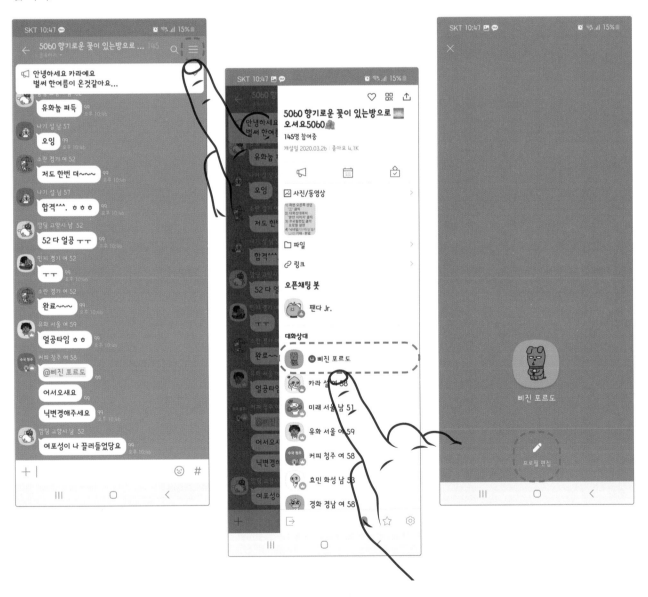

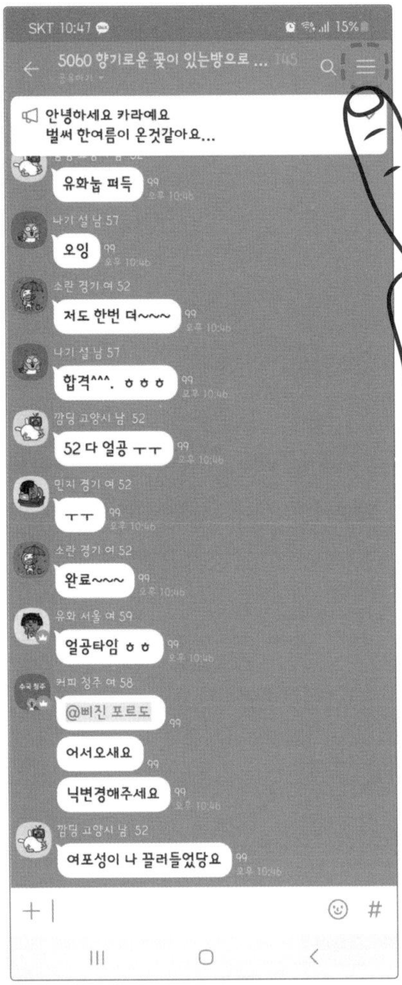

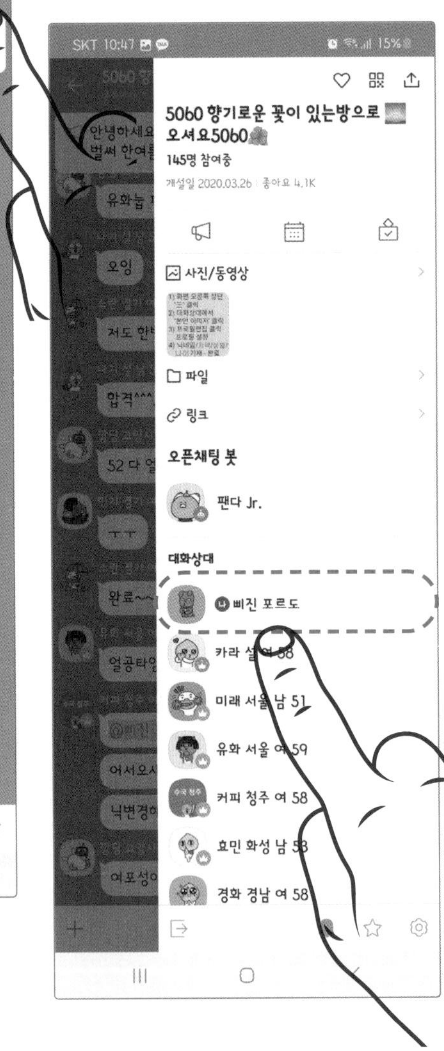

이곳에서 닉네임을 변경한 다음 나가기를 진행합니다.

이번 섹션에서 알려 드린 **'조용히 나가기'** 기능으로 나가고 싶은 단톡방에서 사람들에게 알리지 않고 조용히 나갈 수 있습니다.

다만, 익명으로 참여하는 카카오톡 오픈채팅방에서는 이 기능이 제공되지 않기 때문에 본인을 특정할 수 없도록 먼저 닉네임을 변경한 다음 방에서 나가는 것이 좋겠습니다.

또 채팅방을 나가면 대화 내용이 모두 삭제되고, 채팅 목록에서도 삭제되니 중요한 대화나 사진, 동영상 등의 파일은 사전에 꼭 백업을 해주셔야 합니다. 혹시 해당 기능이 없으신 분들은 먼저 카카오톡을 최신 버전으로 업데이트 해주셔야 합니다. 해당 기능은 카카오톡 v10.3.0, PC v3.5.5, mac v3.2.5 버전부터 사용할 수 있습니다.

더 자세한 내용은 영상을 통해 확인해 보세요.
해당 내용을 영상으로 살펴보시고 궁금한 사항은 댓글을 통해 질문해 보세요.

QR코드 확인하는 방법 10쪽 참고

2-3 잘못 보낸 카톡 메시지 1초 만에 삭제하기

이럴 때 사용해요

"친구에게 카톡 메시지를 보냈는데 알고 보니 이름이 비슷한 다른 사람에게 메시지를 전송해 버렸어요. 민감한 내용이라 너무 당황스러워요. 이미 전송한 카톡 메시지를 상대방이 보기 전에 삭제할 수 있는 방법이 있을까요?"

이번 섹션에서는 잘못 보낸 카톡 메시지를 1초 만에 삭제하는 방법에 대해서 알아보도록 하겠습니다. 메시지를 보내려고 했던 상대가 아닌 다른 상대에게 메시지를 보냈다면 메시지 삭제 기능으로 상대방이 확인하기 전 삭제할 수 있습니다.

카톡 메시지 삭제하기

1

홈 화면에서 [카카오톡] 앱을 실행합니다.

2

채팅 목록에서 삭제할 메시지가 있는 채팅방을 선택합니다.

3

채팅방에 들어왔다면 삭제하려는 메시지 말풍선을 길게 눌러 줍니다.

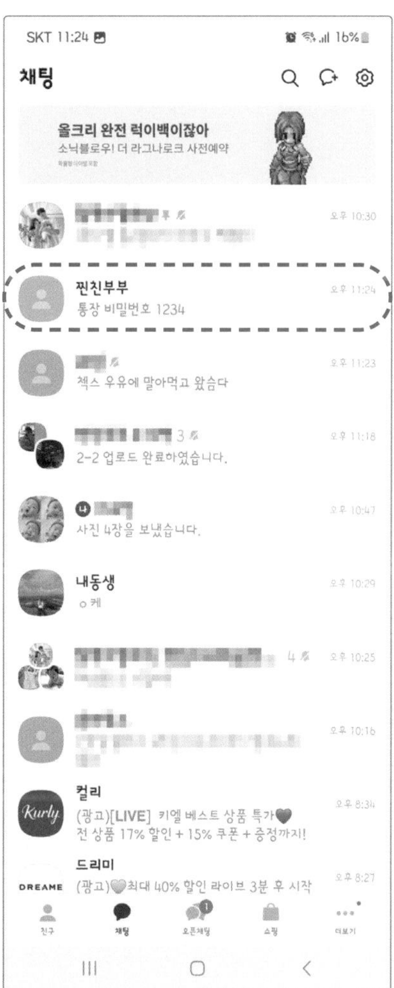

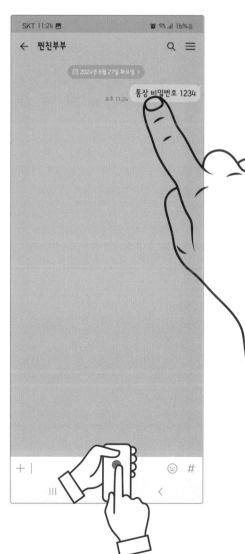

4

메뉴에서 [삭제] 버튼을 누릅니다.

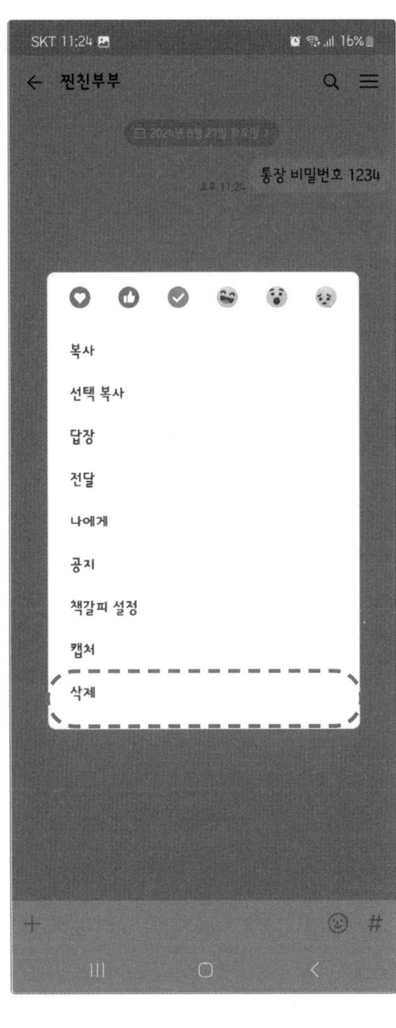

5

다음과 같은 창이 나타나면 '모든 대화 상대에게서 삭제'를 선택한 후 [확인]을 눌러 줍니다.

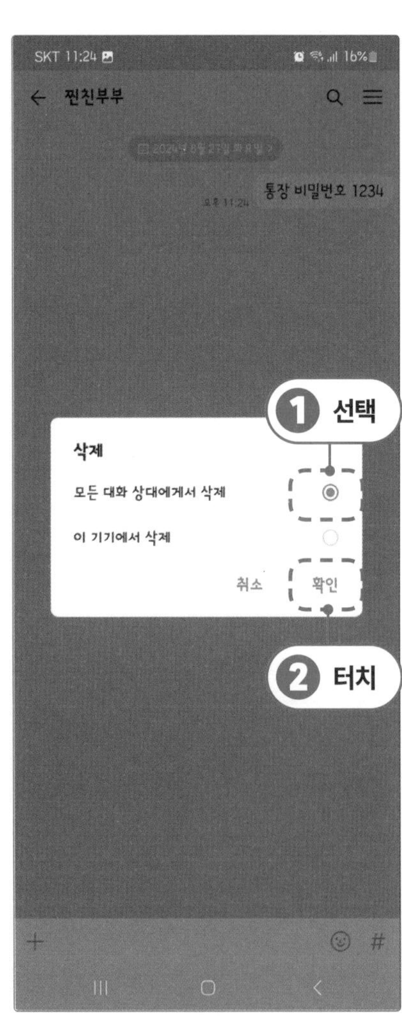

6

다시 한번 '모든 대화 상대에게서 삭제'를 묻는 창에서 [삭제] 버튼을 누릅니다.

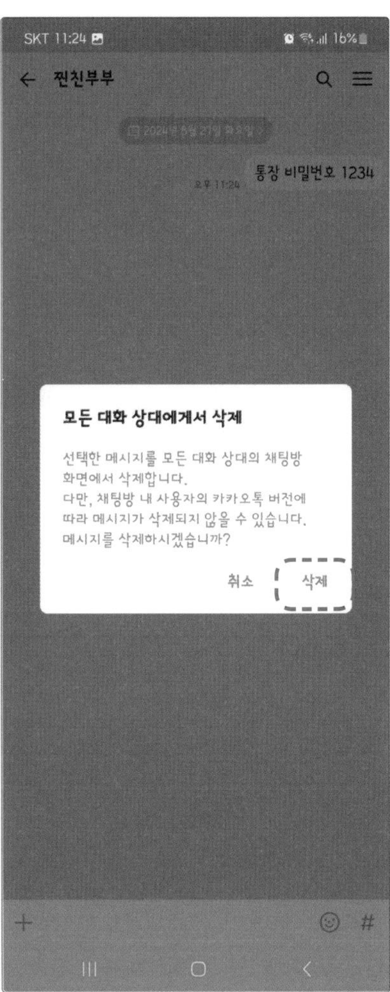

7

메시지 내용이 삭제되고 말풍선은 **'삭제된 메시지입니다.'**라고 표시됩니다.

8

상대방이 삭제한 메시지 역시 똑같이 표시됩니다.

9

단, 작성 후 5분이 경과한 메시지는 본인의 화면에서만 삭제되고 상대방의 화면에서는 삭제되지 않습니다.

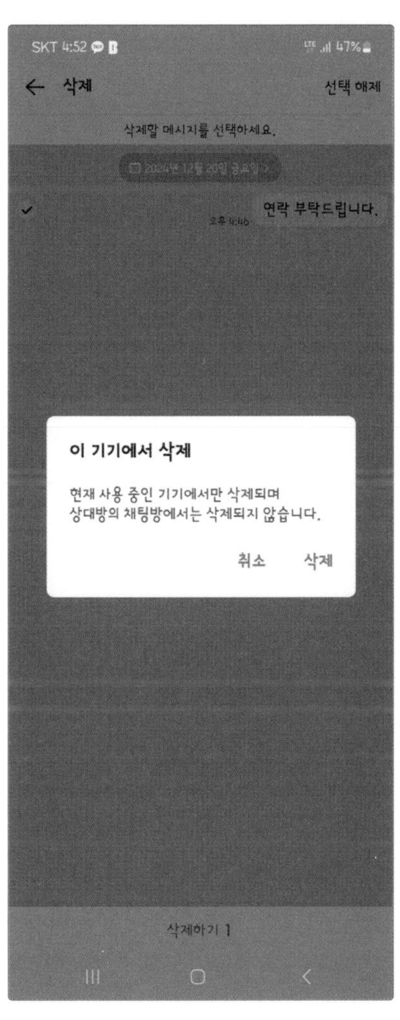

오픈채팅방 가리기 기능 ※방장, 부 방장만 사용 가능

1

오픈채팅방에서는 방장 및 부방장이 사용할 수 있는 '가리기' 기능이 있습니다. 말풍선을 길게 터치합니다.

목록에서 [가리기]를 선택합니다.

3

'선택한 메시지를 가리시겠습니까?' 묻는 창에서 다시 한번 [가리기]를 선택해 줍니다.

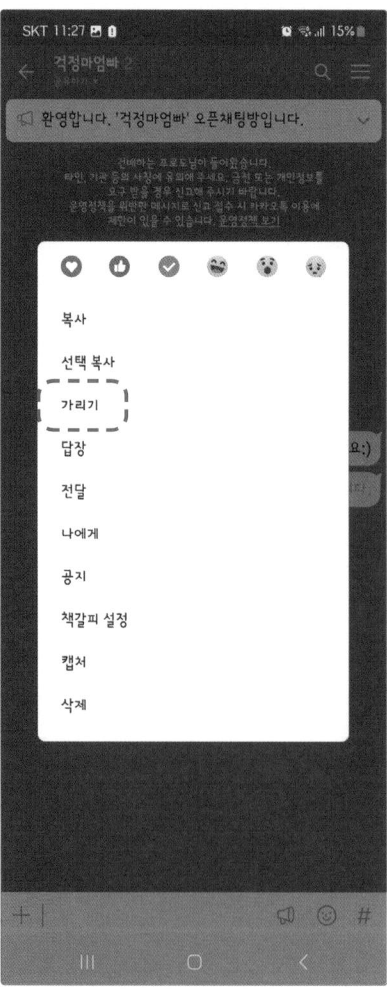

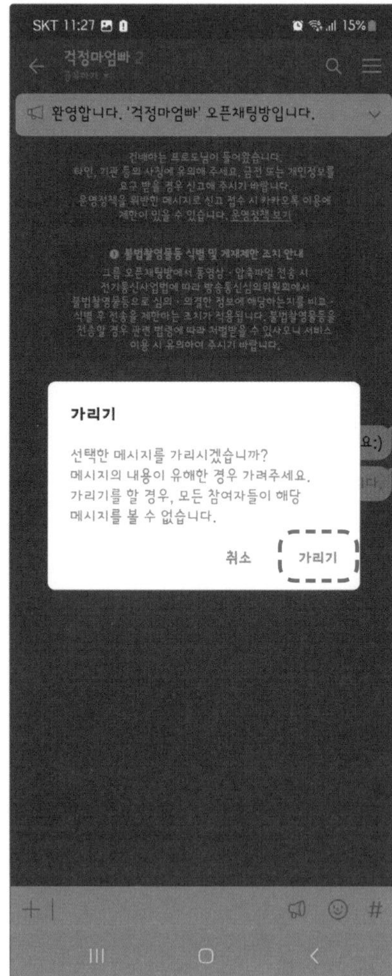

4

메시지가 가려지고, 가려진 메시지는 **'채팅방 관리자가 메시지를 가렸습니다.'** 라고 표시됩니다.

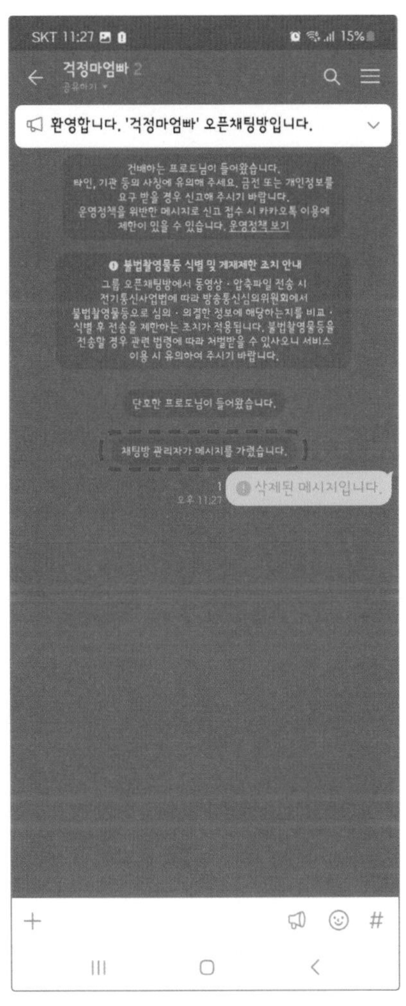

이번 섹션에서 알려 드린 카톡 메시지 삭제 기능을 통해 실수로 보낸 메시지를 간단하게 삭제할 수 있습니다. 다만, 5분 내에 삭제를 진행해야 하며 5분이 경과된 이후에는 삭제가 불가능합니다.

오픈채팅방에서도 메시지 삭제 기능은 동일하게 사용할 수 있습니다. 추가적으로 오픈채팅방의 방장 및 부방장은 '메시지 가리기' 기능을 사용할 수 있습니다.

물론 가장 좋은 방법은 처음부터 메시지를 잘못 보내지 않는 것입니다. 주의가 필요한 카톡방의 경우에는 **[채팅방 서랍] – [설정]** 순서로 들어가 **'현재 채팅방 입력창 잠금'**을 설정할 수 있습니다.

해당 설정 이후에는 채팅 창에 입력하기 위해서 **'잠금'** 표시를 한 번 터치해야만 메시지 입력이 가능하기 때문에 실수를 방지할 수 있습니다.

2-4 내 카톡 프로필 몰래 훔쳐 본 사람 알아내기

이럴 때 사용해요

"오래전 다퉈 연락을 끊은 친구가 내 카톡 프로필을 확인하는 것 같아요. 굳이 내 소식을 알리고 싶지 않아서 그 친구가 정말 내 카톡 프로필에 들어오는지 알고 싶어요. 정말 그렇다면 프로필 사진을 최근 근황으로 바꾸기가 망설여지거든요."

가끔 내 프로필을 누가 봤는지 알고 싶을 때가 있습니다. 이럴 때 멀티프로필 및 투데이 설정을 이용해 상대방이 내 프로필을 보았는지 확인할 수 있습니다.

멀티프로필 + 투데이 설정 방법

1

홈 화면에서 [카카오톡] 앱을 실행합니다.

2

친구 목록에서 내 프로필 오른쪽에 보이는 [멀티프로필+] 버튼을 누릅니다.

3

새로운 프로필을 만들어 주세요. [스티커 추가] 버튼을 눌러 주세요.

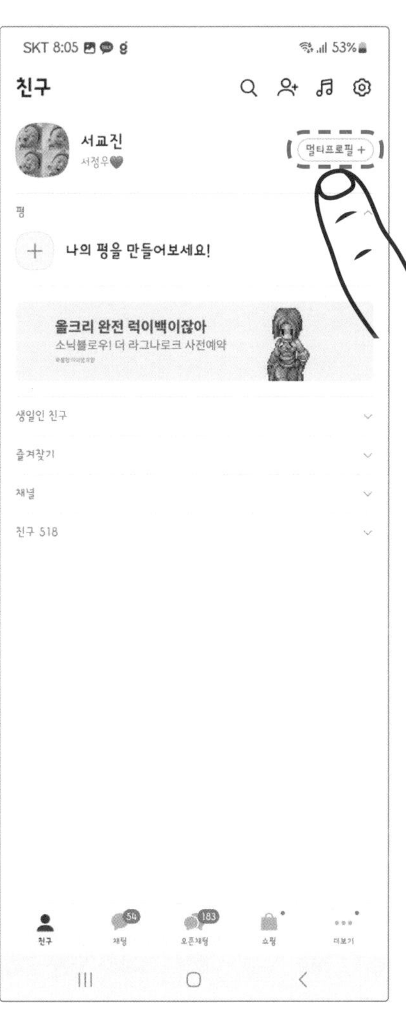

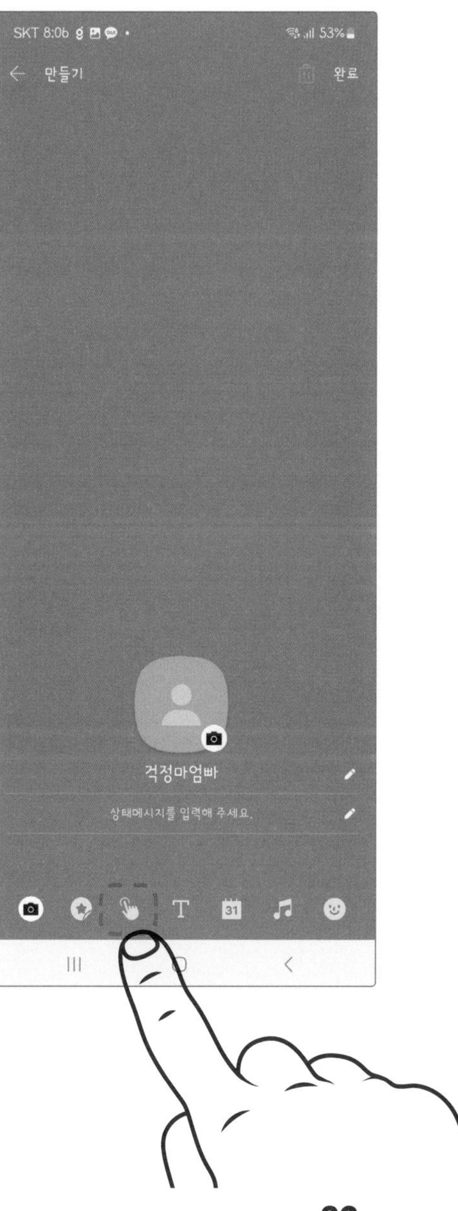

4

스티커 중 'TODAY 999' 스티커를 선택합니다.

5

색상을 지정한 다음 오른쪽 상단 [확인]을 누릅니다.

6

위치와 크기를 조정한 다음 [완료]를 터치해 줍니다.

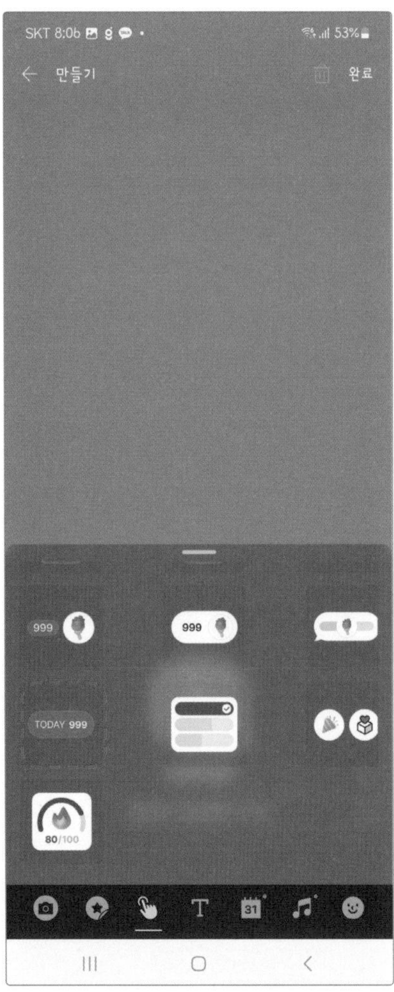

7

이제 [친구 관리]로 들어갑니다.

8

내 프로필을 봤는지 확인하고 싶은 상대를 추가해야 합니다. [지정친구 추가]를 누릅니다.

9

친구 또는 채팅에서 추가할 친구를 선택하고 [확인] 버튼을 눌러 설정을 마칩니다.

10

어느 정도 시간이 지난 뒤 내 카톡 프로필을 조회했는지 알아보기 위해 멀티프로필 버튼을 눌러 내 멀티프로필로 들어갑니다.

목록에서 미리 만들어둔 멀티프로필을 선택합니다.

추가한 TODAY 스티커에 숫자가 올라가 있다면 설정한 상대방이 내 프로필을 확인한 것입니다.

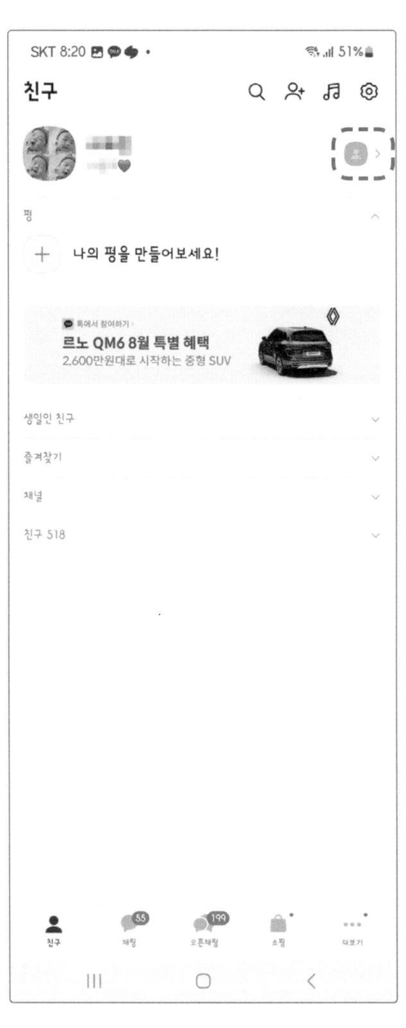

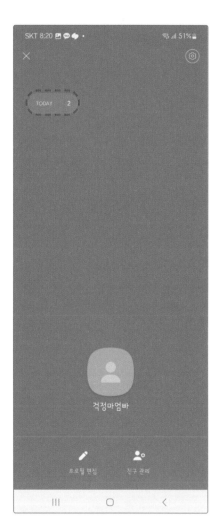

'멀티프로필 만들기' 기능을 통해 3개의 프로필을 추가로 만들어 최대 3명까지 몰래 프로필을 본 사람을 확인할 수 있습니다.

이번 섹션에서 알려 드린 비법을 통해 내 카톡 프로필을 조회한 사람을 알아낼 수 있습니다. 멀티프로필을 만들고 투데이 스티커를 설정한 후 확인하고 싶은 친구를 추가해 보세요.

TODAY 스티커는 내가 내 멀티프로필을 확인한 횟수까지 반영하기 때문에 해당 횟수는 제외하고 확인해야 합니다.

더 자세한 내용은 영상을 통해 확인해 보세요.
해당 내용을 영상으로 살펴보시고 궁금한 사항은 댓글을 통해 질문해 보세요.

QR코드 확인하는 방법
10쪽 참고

2-5 카카오톡 페이스톡 하기

이럴 때 사용해요

아들이 멀리 살아서 자주 못 보는데 요즘 따라서 손주 얼굴이 너무 보고 싶더라고요. 못 본 사이에 훌쩍 커버리는 손주 얼굴을 자주 볼 수 있는 방법이 없을까요? 카카오톡에서 영상통화를 할 수 있다고 하는데 어떻게 하는지 잘 모르겠어요.

이번 섹션에서는 [카카오톡] 앱을 이용해서 페이스톡 즉, 영상통화를 하는 방법에 대해서 알아보도록 하겠습니다. 무료로 사용할 수 있는 데다가 그룹 영상통화도 가능해서 알아두면 유용한 기능입니다.

카카오톡 페이스톡 하기

1

홈 화면에서 [카카오톡] 앱을 눌러 실행해 줍니다.

2

영상통화를 하고 싶은 상대의 채팅방으로 들어간 다음 채팅창 좌측 하단에 있는 '+'를 누릅니다.

3

다음과 같은 화면에서 [통화하기]를 선택해 줍니다.

4

이어서 **[페이스톡]**을 눌러 줍니다.

5

상대방이 페이스톡을 받을 때까지 대기합니다. 이때 카메라에 보이는 내 모습을 확인해 줍니다.

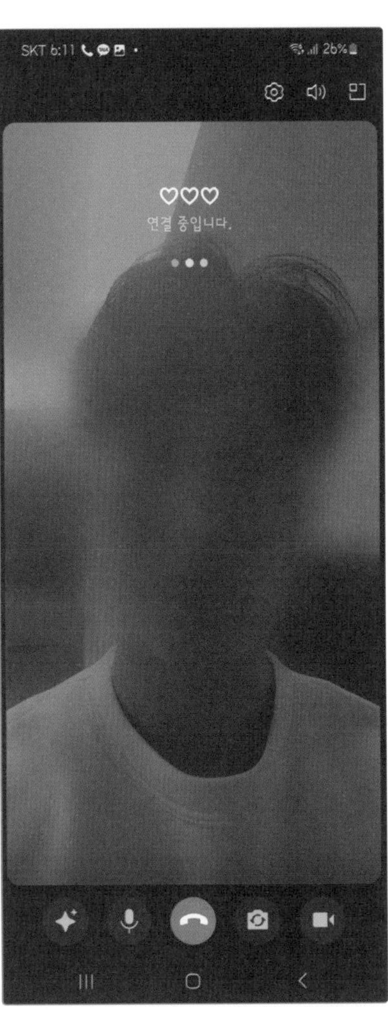

6

상대방이 페이스톡을 받으면 서로의 모습을 보며 통화할 수 있습니다.

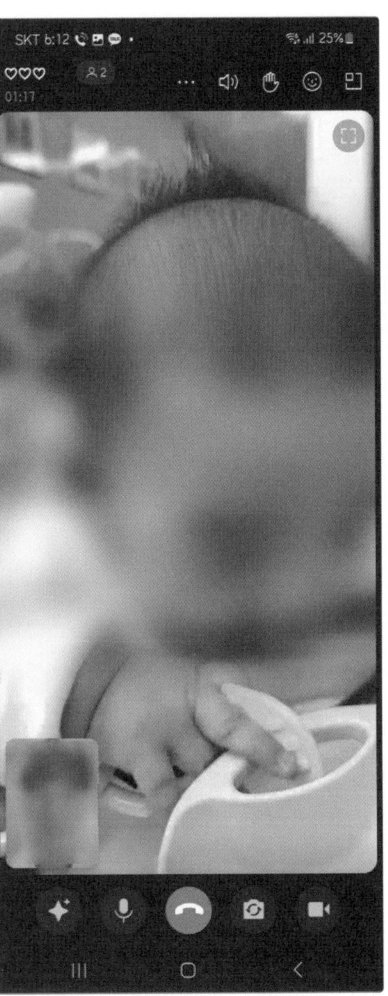

7

페이스톡 중에 1번 버튼을 누르면 전면/후면 카메라 전환이 가능하고, 2번 버튼을 누르면 내 모습이 크게 보입니다.

3번 버튼을 누르면 카메라를 끌 수 있고, 영상통화를 종료하려면 4번 버튼을 누르면 됩니다.

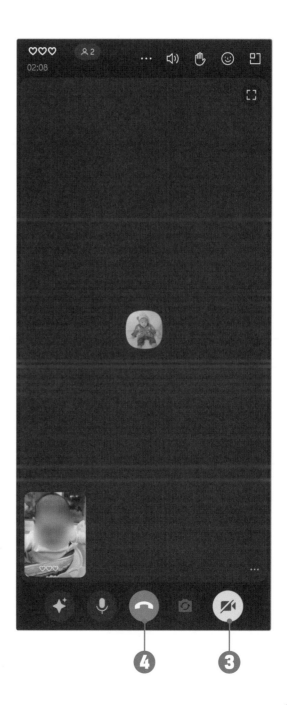

단체 페이스톡 하기

1

단톡방에서는 단체 페이스톡도 가능합니다. 이전과 동일한 순서로 [통화하기]를 누릅니다.

2

마찬가지로 [페이스톡]을 선택합니다.

3

2명 이상의 단톡방 인원과 영상통화를 진행할 수 있습니다.

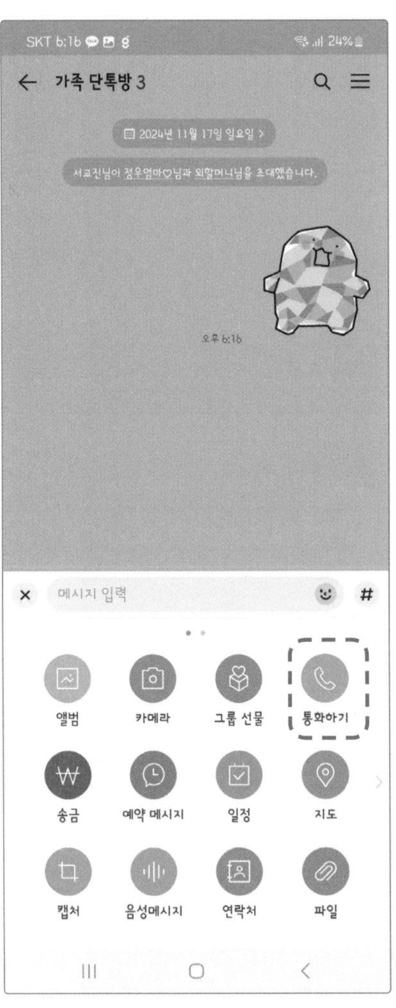

4

단체 페이스톡 도중 특정 인원이 통화를 종료해도 나머지 인원과의 영상통화는 계속됩니다.

카카오톡 영상통화 기능인 **[페이스톡]**을 통해서 평소 자주 보지 못하는 가족, 친구 등과 얼굴을 보면서 이야기해 보세요. 버튼 몇 번만 누르면 손쉽게 페이스톡을 시작할 수 있습니다.

단톡방에서도 동일한 순서로 페이스톡을 할 수 있으니, 자주 보지 못하는 친구들과 영상통화를 해 보시면서 '미니 동창회'를 진행해 보셔도 좋을 것 같습니다. 어릴 적 과학책에서나 볼 수 있었던 영상통화가 이처럼 대중화된 것을 보니 참 세상이 많이 변했다는 생각이 드네요.

인터넷 환경이 좋지 않다면 영상통화를 하다가 끊김 현상이 자주 발생할 수 있습니다. 자연스럽고 편안한 영상통화를 위해서 와이파이 등 무선 인터넷 환경이 잘 갖춰진 곳에서 통화하시는 것을 추천드립니다. 또한 카카오톡 영상통화 기능 **[페이스톡]**은 통화 시간과 관계없이 와이파이에 연결되어 있거나, 데이터 무제한 요금제에 가입되어 있다면 무료로 이용 가능합니다. 따라서 시간 걱정 없이 편하게 소통하시기 바랍니다.

TIP

영상통화를 지원하지 않는 아이폰도 카카오톡을 이용 중이라면 페이스톡을 걸고 받을 수 있습니다. 기종에 구애받지 않고 영상통화가 가능합니다. 단체 페이스톡의 최대 인원은 10명까지입니다.

시니어를 위한
스마트폰 활용 with 챗GPT

1. 유튜브 공짜 음악 듣기 + 기억 안 나는 노래 제목 찾기

2. 밴드 모임 검색 및 입장하기, 직접 모임 만들고 초대하기

3장

인생 2모작
SNS 멋지게 활용하기

SNS 활용하기

3-1 유튜브 공짜 음악 듣기 + 기억 안 나는 노래 제목 찾기

이럴 때 사용해요

" 날씨가 좋아 커피 한 잔 하면서 좋아하는 노래를 듣고 싶어요. 친구와 카페에 방문해 이야기를 나누던 중 예전에 자주 듣던 노래가 흘러나왔는데요. 도무지 제목이 생각나지 않아 답답했던 적이 있어요. "

음악은 실생활에서 뗄레야 뗄 수 없는 존재입니다. 이번 섹션에서는 듣고 싶은 음악을 유튜브 검색을 통해 무료로 듣는 방법과 함께 제목이 기억나지 않는 노래를 찾는 방법을 알려 드리겠습니다.

유튜브 공짜 음악 듣기

1. 홈 화면에서 [YouTube] 앱을 실행합니다.

2. 오른쪽 상단에 있는 [돋보기] 버튼(🔍)을 누릅니다.

3. 검색 창에 듣고 싶은 노래의 제목을 입력해 주세요. 가수의 이름도 함께 입력하면 더 정확합니다.

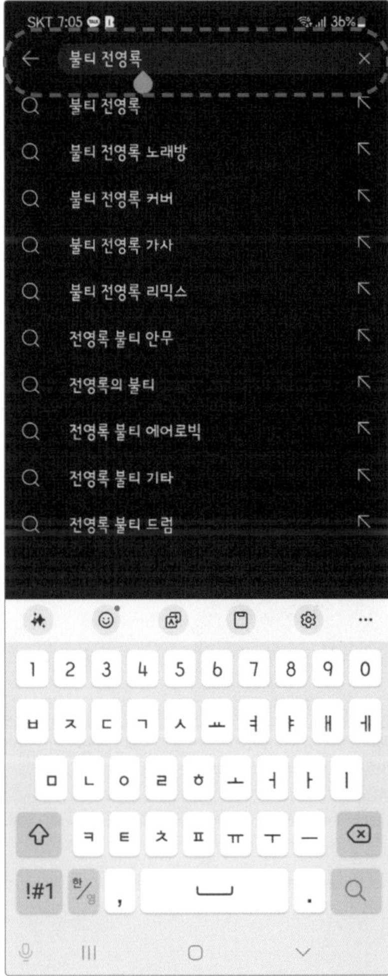

검색 결과에서 영상을 선택합니다.

영상을 선택하면 음악을 들을 수 있습니다.

검색 결과에서 라이브 영상도 시청할 수 있습니다.

유튜브 노래 제목 찾기

1

홈 화면에서 우측 상단 [돋보기] 버튼(🔍)을 눌러 줍니다.

2

검색 창 오른쪽 끝에 [마이크] 버튼(🎙)을 누릅니다.

3

화면 위쪽에서 [노래] 버튼(노래)을 선택합니다.

4

흘러나오는 노래를 휴대폰이 듣게 해 주거나 음을 흥얼거려 줍니다. 다른 소음이 들어가지 않도록 조심합니다.

5

음악 혹은 흥얼거리는 음을 인식해 검색해 줍니다. 검색된 영상에서 노래 제목을 확인합니다.

6

영상을 선택하면 노래 재생이 가능합니다.

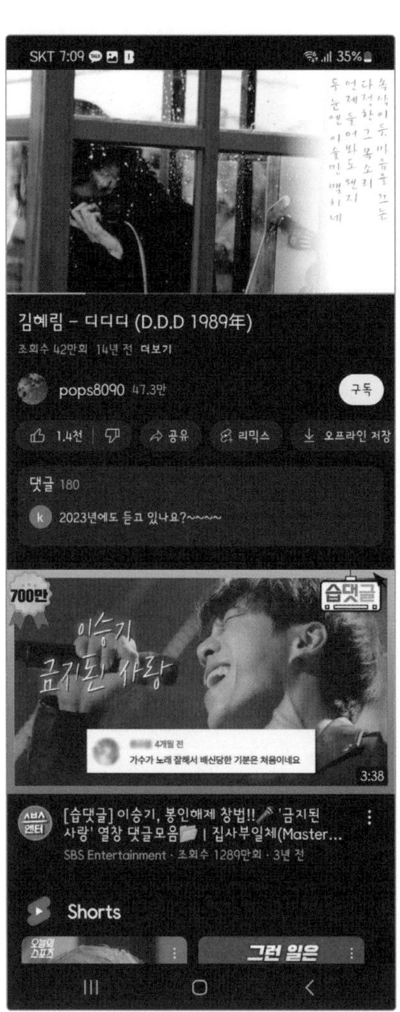

7

이렇게 찾은 영상은 다른 사람들과도 공유할 수 있습니다. [공유] 버튼을 눌러 카카오톡에 링크를 공유하면 함께 음악을 즐길 수 있습니다.

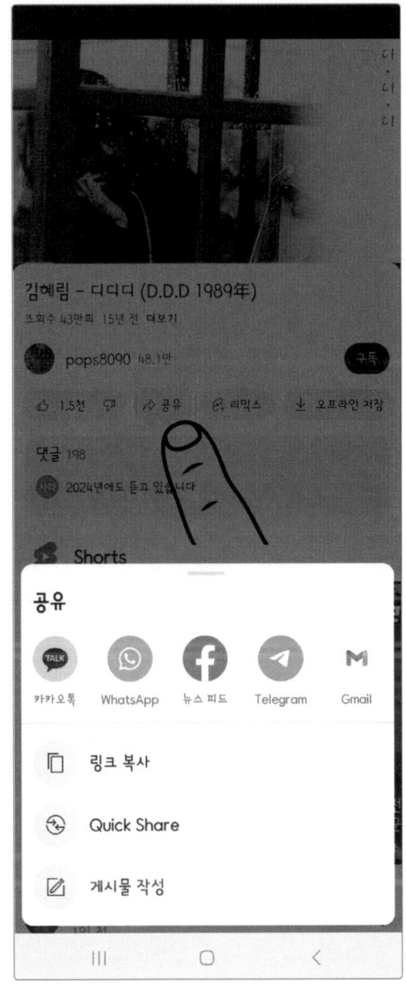

유튜브에는 무궁무진한 노래들이 다양하게 수록되어 있습니다. 비용 없이 들을 수 있는 것이 장점입니다. 또한 라이브 무대와 같은 관련 영상들도 함께 시청할 수 있습니다.

또한 정확한 노래 제목이 생각나지 않을 때 '노래 제목 찾기' 기능으로 쉽고 빠르게 검색해 볼 수 있습니다. 카페에서 흘러나오는 음악이 궁금할 땐 스피커에 직접 휴대폰을 대주면 가장 정확한 결과를 검색할 수 있습니다.

더 자세한 내용은 영상을 통해 확인해 보세요.
해당 내용을 영상으로 살펴보시고 궁금한 사항은 댓글을 통해 질문해 보세요.

QR코드 확인하는 방법 10쪽 참고

3-2 밴드 모임 검색 및 입장하기, 직접 모임 만들고 초대하기

이럴 때 사용해요

"주말에 등산을 가고 싶은데 지인 중에는 함께 등산갈 사람이 없어요. 같은 관심사를 가진 사람이 주변에 없어서 혼자 취미 생활을 즐기기가 어려워요. 모임이 있다면 들어가서 활동하고 싶어요."

이번 섹션에서는 모임 앱의 대표인 밴드(BAND)로 모임을 검색하고 입장하는 방법, 직접 모임을 만들고 초대하는 방법에 대해서 알아보도록 하겠습니다. 관심사가 같은 사람들이 모인 모임에 들어가거나 내가 직접 모임을 만들어 사람들을 모을 수 있습니다.

밴드(BAND) 모임 검색 및 입장하기

1 홈 화면에서 [BAND] 앱을 실행합니다.

2 홈 화면에서 [돋보기] 모양의 버튼(🔍)을 선택합니다.

'검색 창'을 눌러 줍니다.

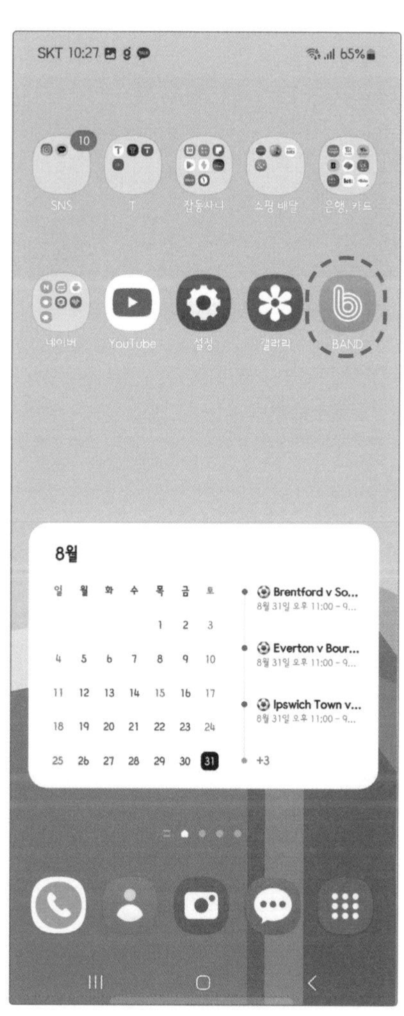

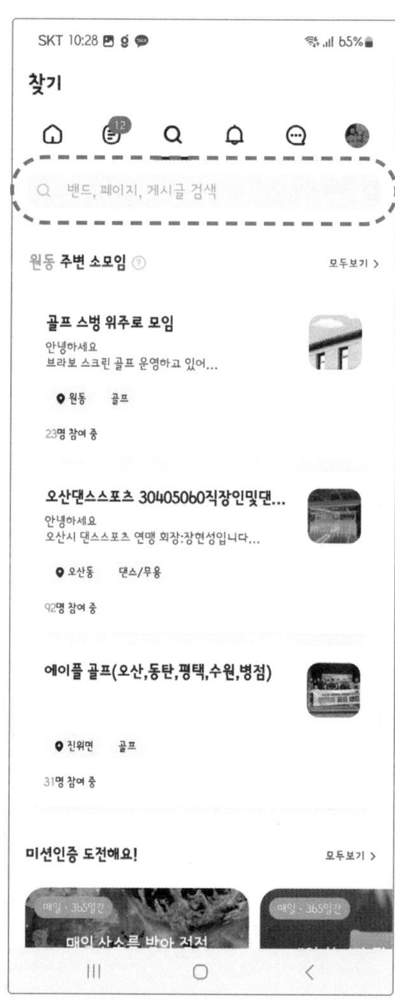

검색 창에 관심사, 취미를 입력하고 [검색] 버튼을 누릅니다.

밴드 목록이 검색 결과에 표시되면 입장하고 싶은 모임을 선택합니다.

[밴드 가입하기]를 눌러 모임에 가입할 수 있습니다.

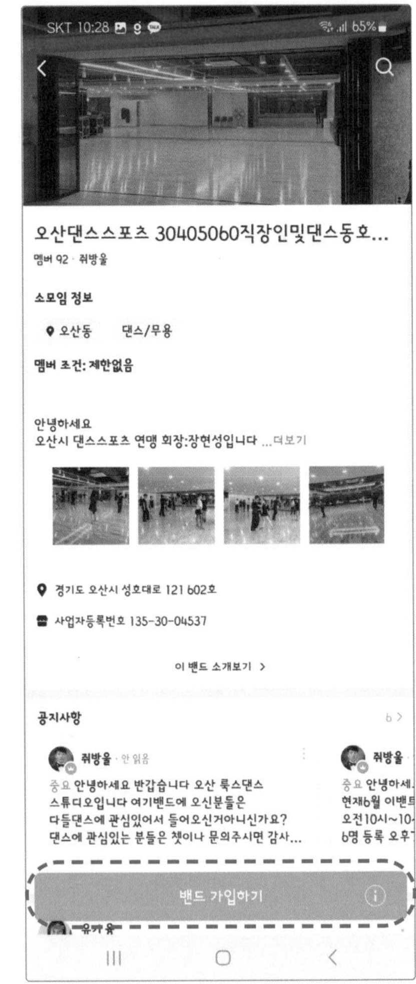

직접 모임 만들고 초대하기

1

홈 화면에서 상단  버튼을 누릅니다.

2

만들고 싶은 모임의 유형을 선택해 주세요. 취미 모임의 경우 [취미, 동호회]를 선택하면 됩니다.

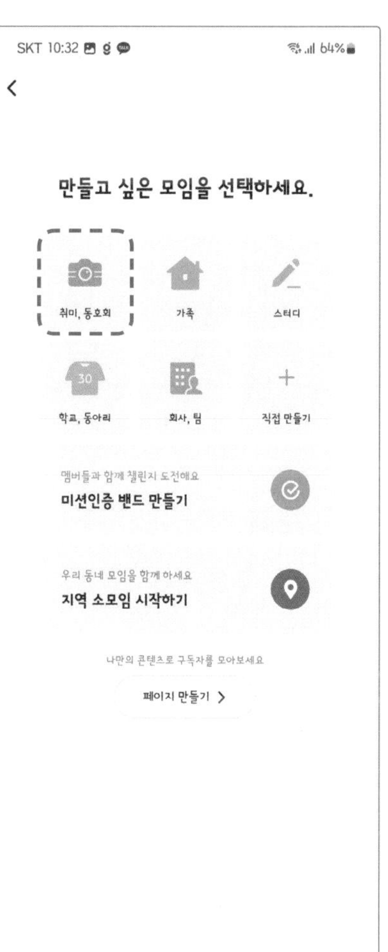

3

모임의 이름을 정해서 입력하고 [완료] 버튼을 누릅니다.

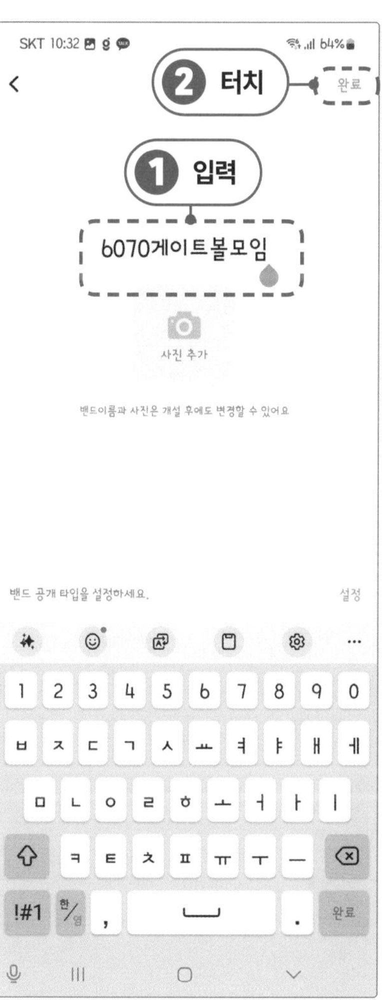

4

밴드 타입을 설정해 주세요. '비공개 밴드', '밴드명 공개 밴드', '공개 밴드' 중 설정할 수 있습니다.

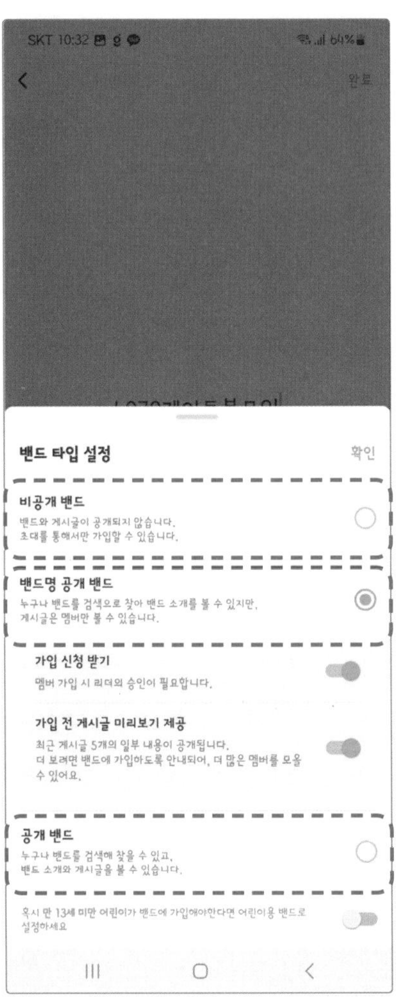

5

모임을 만들었다면 주변 사람을 초대할 수 있습니다. [초대] 버튼을 선택합니다.

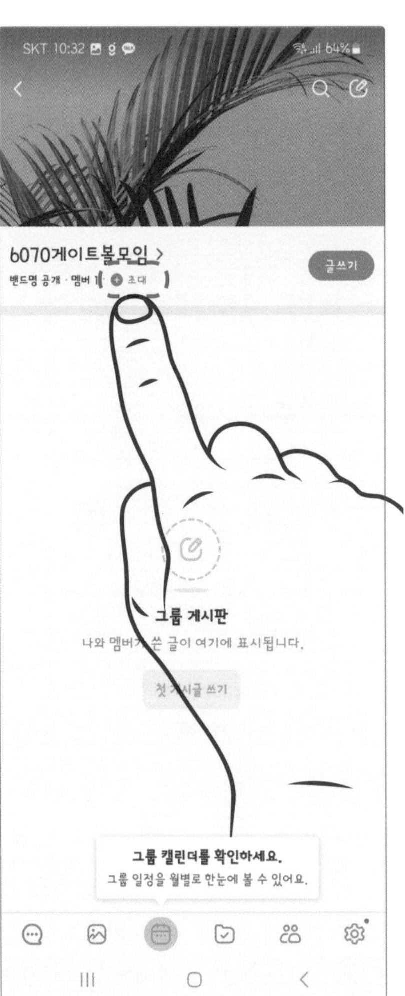

6

초대하고 싶은 사람에게 문자 또는 카카오톡으로 초대 메시지를 전송합니다.

7

초대장을 전달받은 사람에게는 밴드 모임의 이름과 가입 링크가 전달됩니다. 링크를 눌러 밴드에 가입할 수 있습니다.

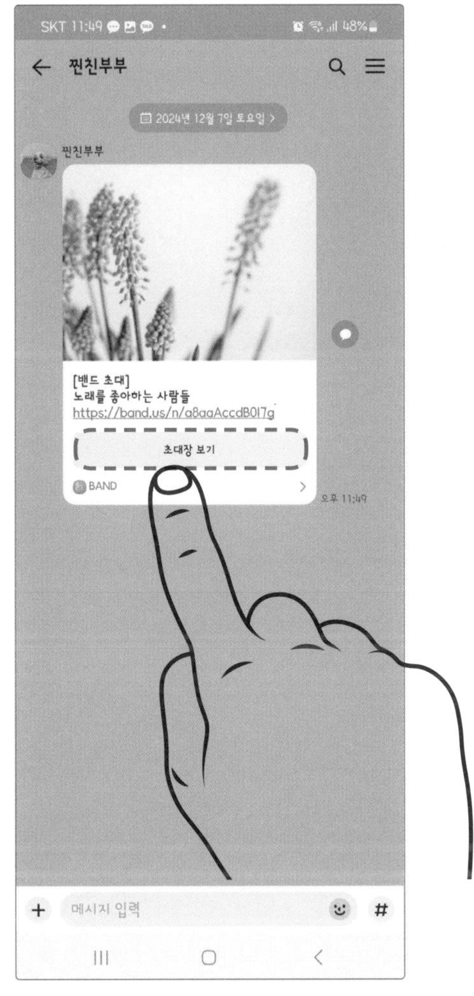

이번 섹션에서 알려 드린 모임 앱의 대표인 밴드(BAND) 모임 검색 및 입장하기를 통해서 같은 관심사를 가진 사람들과 온/오프라인에서 소통할 수 있습니다. 지역별로 모임이 나누어져 있는 경우가 많으니 현재 거주지를 기준으로 검색해 보는 것이 좋습니다.

들어가고 싶은 모임을 찾지 못한 경우에는 직접 모임을 만들어서 사람들을 초대하고, 들어오는 사람들과 모임을 이어나갈 수 있습니다.

[밴드] 앱과 비슷한 앱으로는 [소모임] 앱이 있습니다. 밴드와 마찬가지로 같은 관심사를 가진 사람들이 모여 커뮤니티를 형성하고 있습니다.

지역 혹은 관심사에 따라서 [소모임] 앱을 더 많이 활용하는 경우가 있으니 밴드와 함께 이용해 보면 좋을 것 같습니다.

시니어를 위한

스마트폰 활용 with 챗GPT

1. 웹 사이트, 앱 회원 가입하는 방법
2. 온라인 쇼핑 결제수단 등록 방법
3. 기다릴 필요 없이 지금 바로 카카오 택시 불러보기
4. 어디론가 떠나고 싶을 때 기차표/버스표 예매하기
5. 신나는 여행을 준비하며 비행기, 숙박 예약하기
6. 여행의 시작은 계획부터! 여행 일정표 만들어 보기
7. 외국어를 몰라도 당황하지 마세요! 번역/통역 앱 사용하기
8. 초행길도 문제없이 네이버 지도/티맵으로 길찾기
9. 아직도 무작정 기다리시나요? 버스, 지하철 도착 시간 확인하기
10. 집 밖에 나가기 귀찮을 땐 쇼핑 앱/배달 앱 써 보기
11. 최신 유행 AI(인공지능), 챗GPT 활용하기

4장

우리 부모님들이 꼭 알았으면 하는 앱 소개하기

일상생활 앱 활용하기

4-1 웹 사이트, 앱 회원 가입하는 방법

이럴 때 사용해요

"웹 사이트를 가입할 때 어떻게 해야 할지 몰라 항상 자식들에게 부탁했었는데요. 그러다 보니 비밀번호나 아이디를 잊어버릴 때마다 자식들에게 전화해야하네요. 제가 직접 가입해 보고 계정 관리도 스스로 해 보고 싶어요."

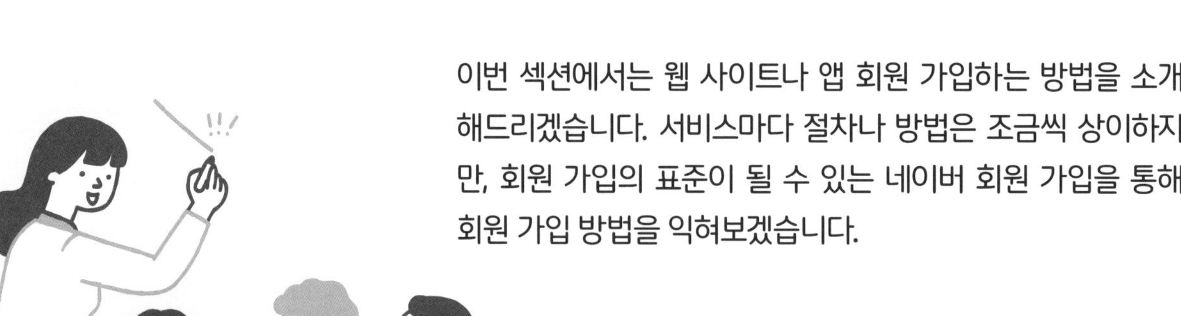

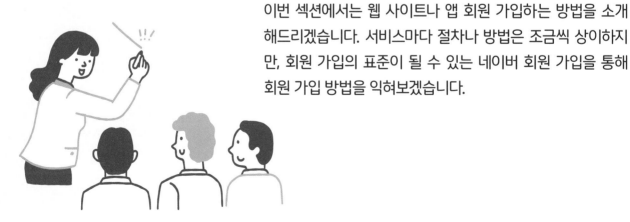

이번 섹션에서는 웹 사이트나 앱 회원 가입하는 방법을 소개해드리겠습니다. 서비스마다 절차나 방법은 조금씩 상이하지만, 회원 가입의 표준이 될 수 있는 네이버 회원 가입을 통해 회원 가입 방법을 익혀보겠습니다.

네이버 회원 가입하기

1

[네이버] 앱을 설치한 다음 실행합니다. 메인 화면에서 오른쪽 상단의 Na. 버튼을 터치합니다.

2

[로그인하고 시작하기]를 선택합니다.

3

로그인 창에서 오른쪽 상단의 [찾기·가입]을 누르고 목록에서 [회원가입하기]를 눌러 줍니다.

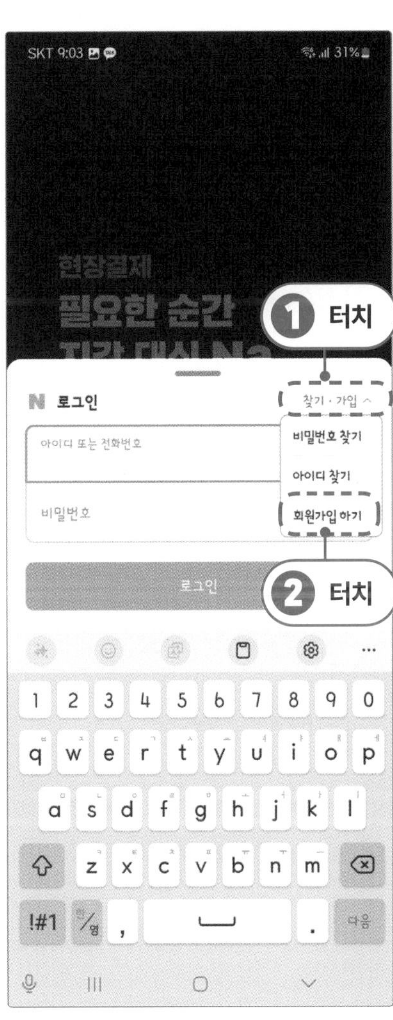

4

가입에 필요한 약관에 모두 동의해 줍니다. 선택 약관의 경우 꼭 동의할 필요는 없습니다.

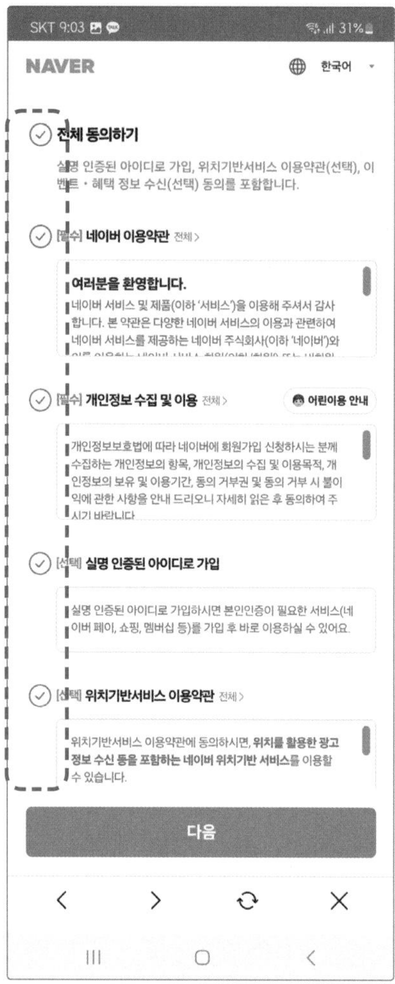

5

사용할 아이디, 비밀번호, 이메일 주소 등 가입에 필요한 정보를 모두 입력합니다. 휴대전화번호까지 입력한 뒤 인증요청을 눌러 줍니다.

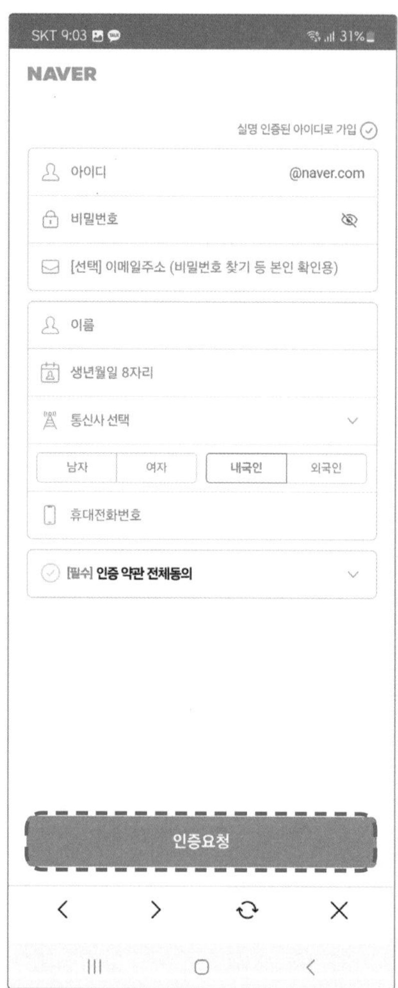

6

입력한 휴대전화로 전송된 문자 메시지에 담긴 인증번호를 입력하고 [가입하기]를 누르면 모든 절차가 완료됩니다.

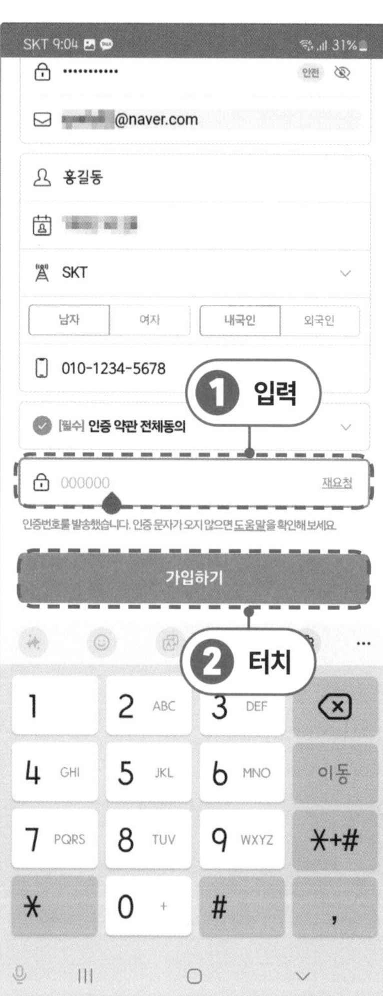

2차 인증 설정하기

1

메인 화면 왼쪽 상단의 ☰를 누릅니다.

2

이번에는 오른쪽 상단의 톱니바퀴 아이콘(⚙)을 누릅니다.

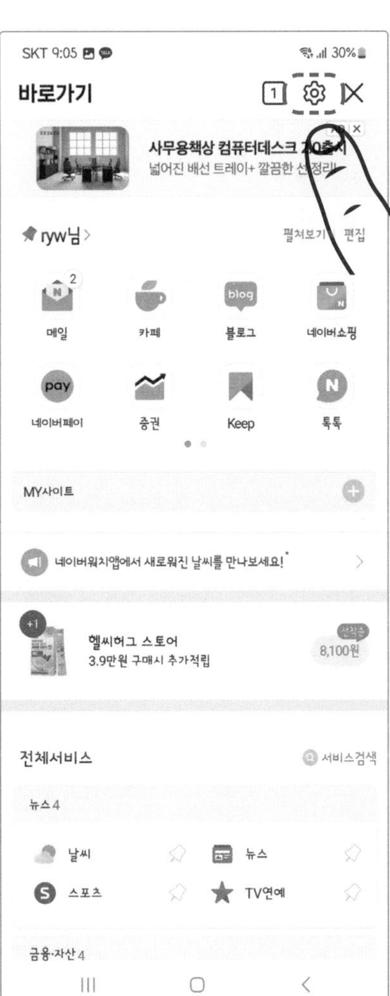

3

목록에서 [내 정보 · 보안 기능]으로 들어갑니다.

'2단계 인증'란의 [설정] 버튼을 눌러 주세요.

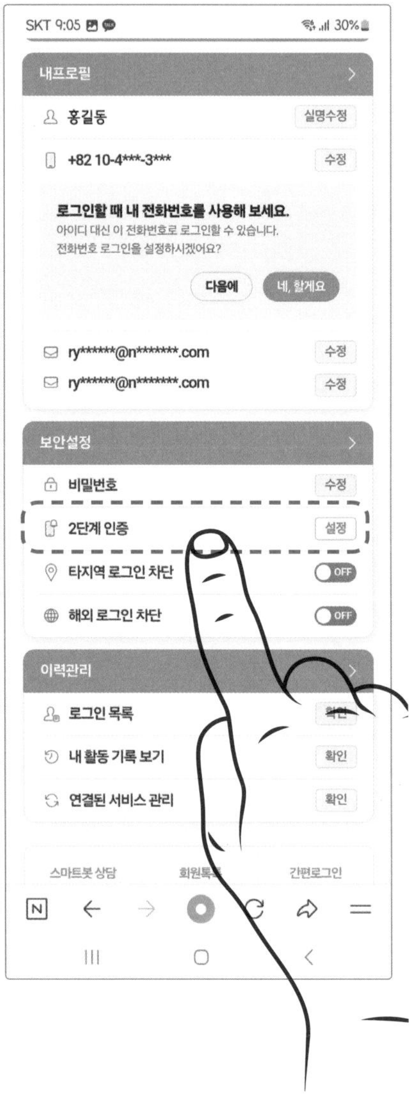

아이디를 확인하고 비밀번호를 입력합니다. [확인]을 누릅니다.

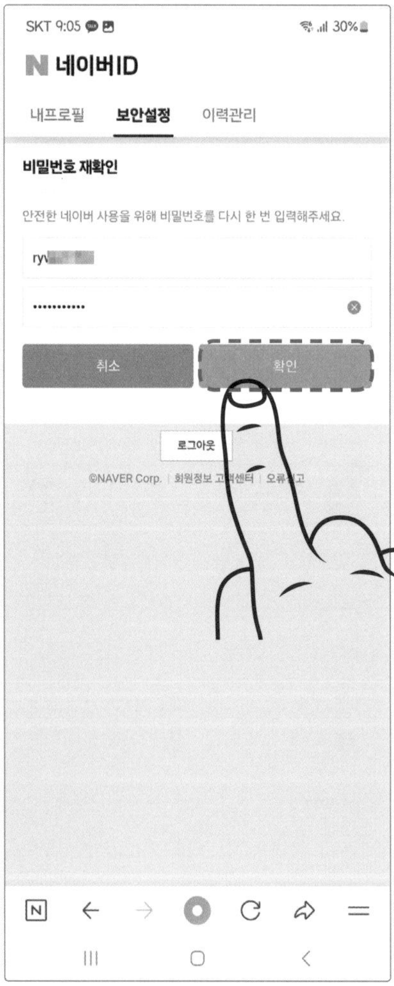

화면 상단에 나타나는 2단계 인증 요청을 눌러 인증을 완료해 줍니다.

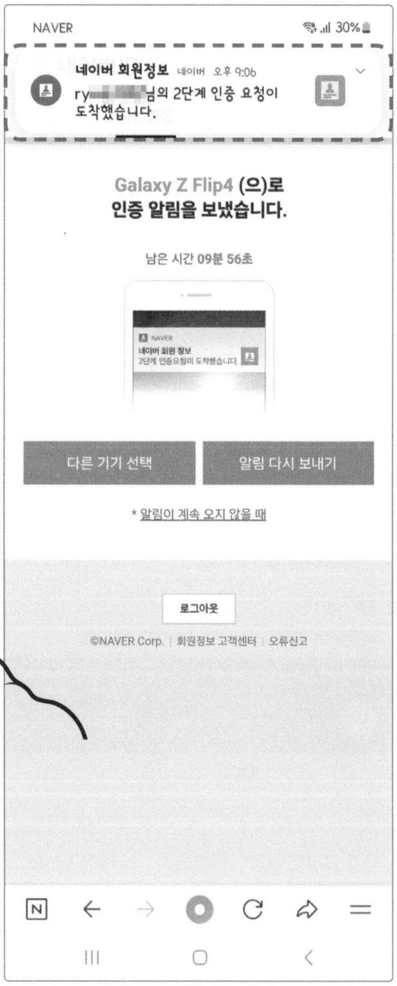

만약 인증 알림을 받지 못했다면 [알림 다시 보내기] 버튼을 눌러 주세요. 한번 더 인증 알림이 가게 됩니다.

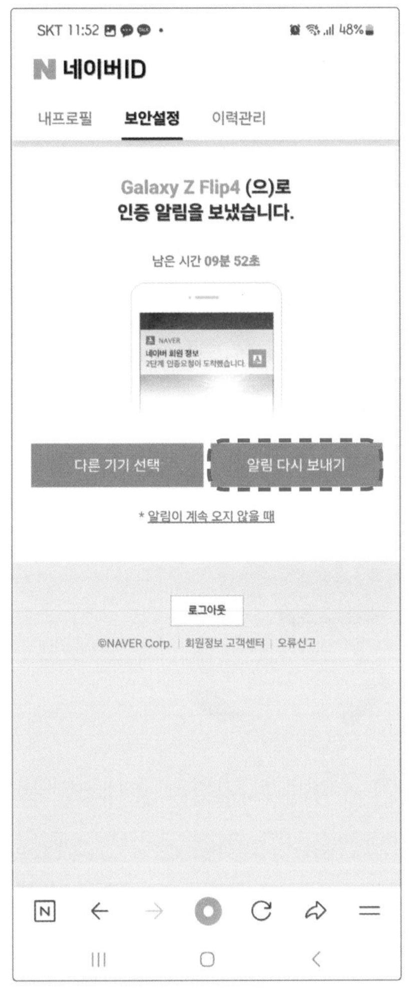

이번 섹션에서 알려 드린 네이버 회원 가입 및 2단계 인증 설정 방법을 통해서 온라인 활동을 위한 필수 앱인 네이버에 가입하고 안전하게 이용할 수 있도록 보안 설정까지 진행해 볼 수 있습니다.

2단계 인증을 하면 가입할 때 사용한 휴대폰 외에 다른 기기에서 네이버 접속이 시도되는 경우 접속을 차단할 수 있습니다. 보안이 강화될 수 있지만, 해당 휴대폰을 분실할 경우 불편함이 생길 수 있으니 신중하게 설정하시기 바랍니다.

대다수의 회원 가입 절차가 네이버 회원 가입과 거의 유사합니다. 따라서 다른 사이트나 앱 서비스를 가입할 때 이번 섹션을 참고하시면 많은 도움이 될 것입니다.

간혹 인증 문자 메시지가 안 오는 경우들이 있는데, 스팸 설정 때문일 가능성이 높습니다. 문자 메시지가 확인이 안 되는 경우 꼭 스팸 메시지 함을 확인해 보시기 바랍니다.

4-2 온라인 쇼핑 결제수단 등록 방법

이럴 때 사용해요

"쿠팡을 이용하면 다음날 바로 물건을 받을 수 있다고 하더라고요. 식료품, 생활용품 등 급하게 필요한 것들을 구매해 보려고 쿠팡을 설치했어요. 그런데 물건을 사려고 보니 결제수단 등록이 필요하다고 하는데 등록 방법을 몰라서 결국 물건을 사지 못했어요."

이번 섹션에서는 온라인 쇼핑에 꼭 필요한 결제수단 등록 방법에 대해서 알아보겠습니다. 여러 온라인 쇼핑몰이 있지만 가장 많이 쓰는 쇼핑 앱 중 하나인 쿠팡의 결제수단 등록 방법에 대해서 소개해드리겠습니다. 대부분의 쇼핑몰에서 결제수단 등록 방법이 유사하기 때문에 쿠팡으로 한번 해보신다면 다른 쇼핑몰들도 쉽게 등록이 가능하실거예요. 처음에는 다소 어려울 수 있어도 한 번만 등록해 두면 터치 한 번에 상품 구매가 가능해지니 꼭 끝까지 따라 해 보세요.

쿠팡 결제수단 등록하기

1

[쿠팡] 앱을 실행해 준 다음 하단 메뉴의 [마이쿠팡]을 누릅니다.

2

목록에서 [결제수단·쿠페이]를 선택해 줍니다.

3

다음과 같은 화면에서는 [계좌·카드]를 눌러 들어갑니다.

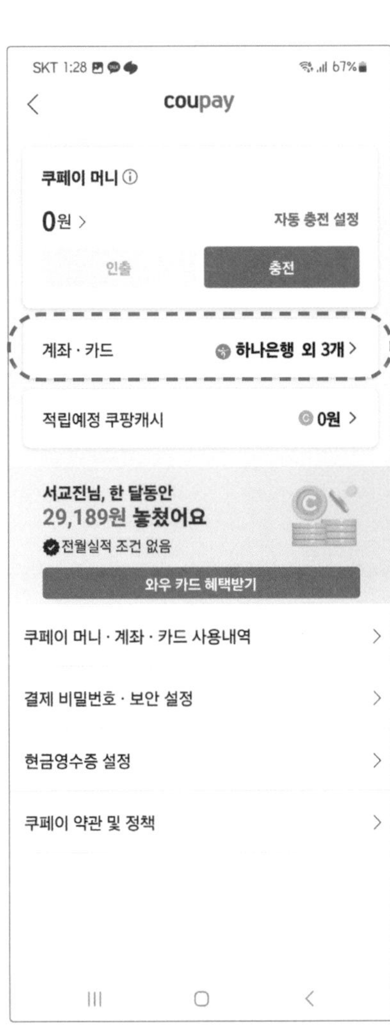

4

하단에 보이는 [+결제수단 등록] 버튼을 누릅니다.

5

은행 계좌 또는 신용/체크 카드를 선택해 등록할 수 있습니다.

6

카드 등록 시 신용/체크 카드의 경우 16자리의 카드번호 입력이 필요합니다. 직접 입력하거나 카메라로 카드를 스캔할 수 있습니다.

7

카드번호 입력 후에는 유효기간, CVC, 비밀번호 앞 2자리를 마저 입력해 주도록 합니다. 그리고 '등록하기'를 누릅니다.

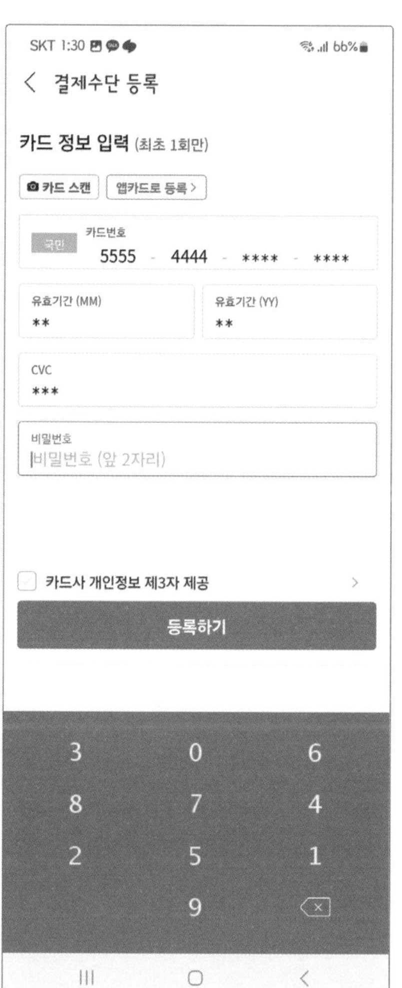

8

CVC는 일반적으로 카드 앞면이나 뒷면에 있는 3자릿수의 번호입니다. 해당 번호를 찾아 입력해 주시면 됩니다.

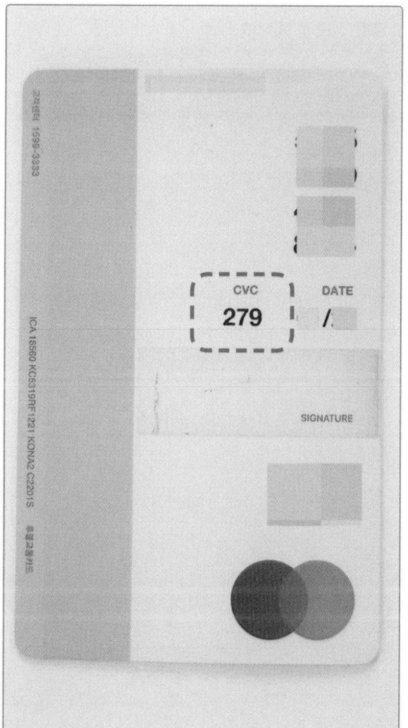

9

카드 등록이 완료되었습니다.

10

(계좌 등록 시) 계좌를 등록하는 경우에는 은행을 먼저 선택해 주어야 합니다.

그리고 계좌번호를 숫자만 입력합니다.

해당 계좌로 1원이 입금되는데 입금자명 4글자를 확인해 입력하고 [확인] 버튼을 누릅니다.

그 후 입력했던 연락처로 쿠팡페이 고객센터에서 전화가 오는데, 전화를 받은 후 생년월일 6자리를 눌러 인증을 완료하면 계좌 등록이 완료됩니다.

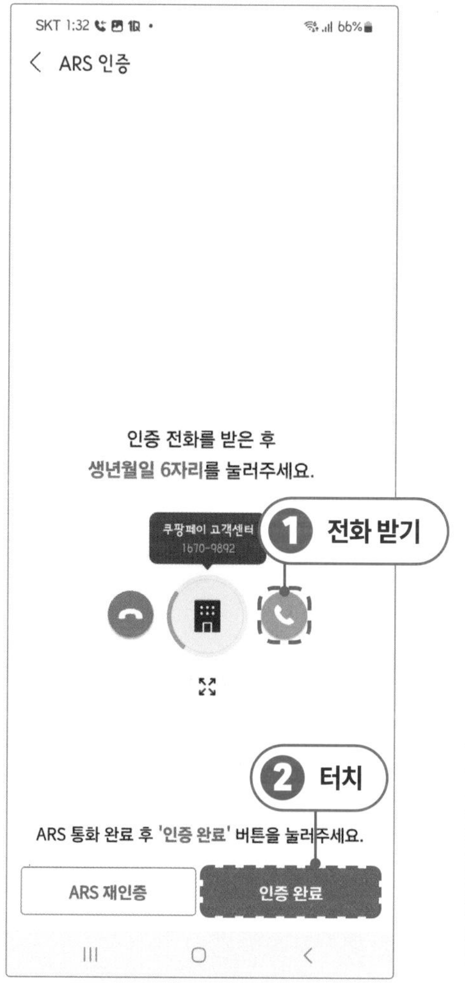

이번 섹션에서 알려 드린 쿠팡 결제수단 등록 방법을 통해서 평소 사용하는 계좌, 체크/신용카드를 앱에 등록하고 편리하게 물건을 구매할 수 있습니다. 다만, 등록에 사용하는 계좌와 카드는 가입자 본인 명의로만 등록할 수 있다는 점 꼭 기억해 주세요.

결제수단 등록 후에는 구입할 물건을 선택하고 [밀어서 결제하기] 버튼을 활용하거나 장바구니에서 [상품 구매하기] 버튼을 눌러서 빠르게 구매가 가능합니다.

등록한 결제수단은 언제든지 삭제하거나 변경할 수 있습니다. [쿠팡] 앱에서 결제수단을 변경하려면 상품 주문/결제 단계에서 [결제수단]으로 들어간 후 다른 계좌 혹은 카드로 변경하여 결제할 수 있습니다.

이때 [기본 결제수단으로 사용]란을 눌러 체크하신 후에 결제하면 다음부터는 매번 결제수단을 바꾸지 않아도 기본 결제수단으로 등록이 되어 결제가 이루어집니다.

4-3 기다릴 필요 없이 지금 바로 카카오 택시 불러보기

이럴 때 사용해요

"급하게 택시를 타고 이동해야 하는데 지나가는 택시가 없어요. 몸이 불편해서 택시가 다니는 큰 길가까지 나가기가 어려워요. 집 앞까지 택시가 와 주면 좋을 것 같아요. 그리고 이왕이면 택시 요금도 미리 알고 싶어요."

이번 섹션에서는 기다릴 필요 없이 지금 바로 카카오 택시를 부르는 방법에 대해서 알아보도록 하겠습니다. [카카오T] 앱을 이용하면 간단하게 현재 위치로 택시를 호출할 수 있습니다.

[카카오T] 앱으로 택시 호출하기

1

[카카오T] 앱을 설치하고 실행해 줍니다.

홈 화면에서 [택시]를 선택합니다.

지도 화면이 나타나면 자동으로 현재 위치가 지정됩니다. 목적지를 선택하기 위해 '어디로 갈까요?'를 터치합니다.

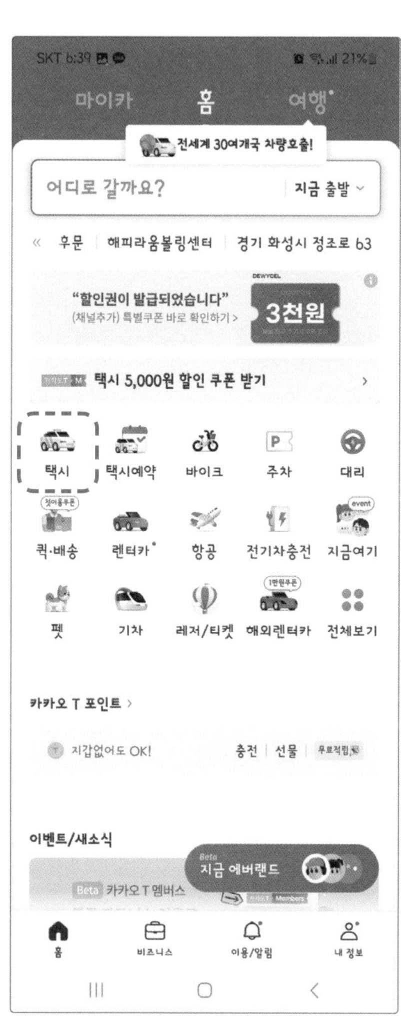

4

'도착지 검색' 부분을 터치해 줍니다.

5

검색 창에 가고자 하는 목적지를 입력하고 [돋보기] 버튼(🔍)을 누릅니다.

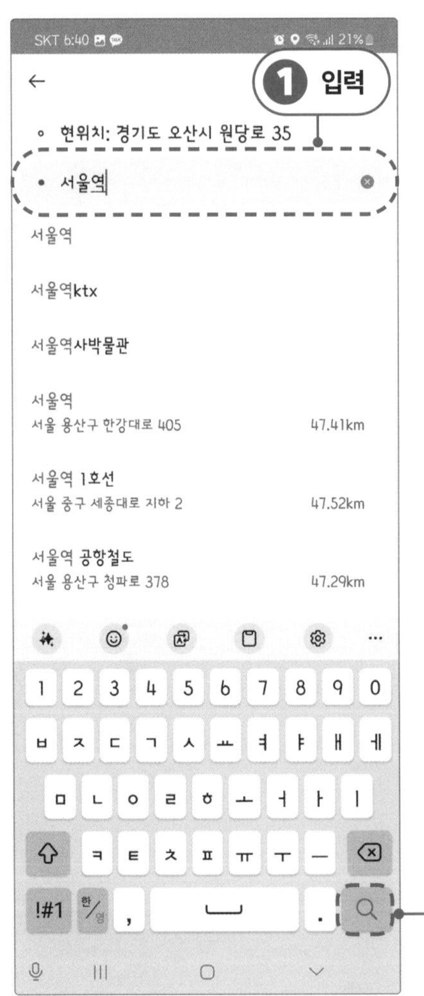

6

결과에 표시된 목적지의 [도착] 버튼을 선택합니다.

지도를 움직여 출발하려는 위치를 정확하게 설정해 주도록 합니다. 그리고 [확인] 버튼을 누릅니다.

호출하려는 카카오 택시의 유형을 선택합니다. 특별한 경우가 아니라면 [일반 호출]을 이용하면 됩니다.

호출하기 전에 출발지, 목적지, 예상 요금을 확인할 수 있습니다. 문제가 없다면 [호출하기]를 누릅니다.

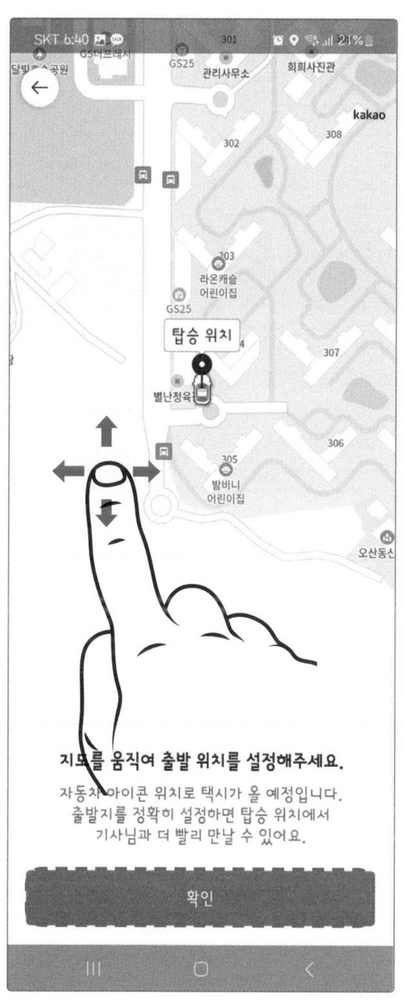

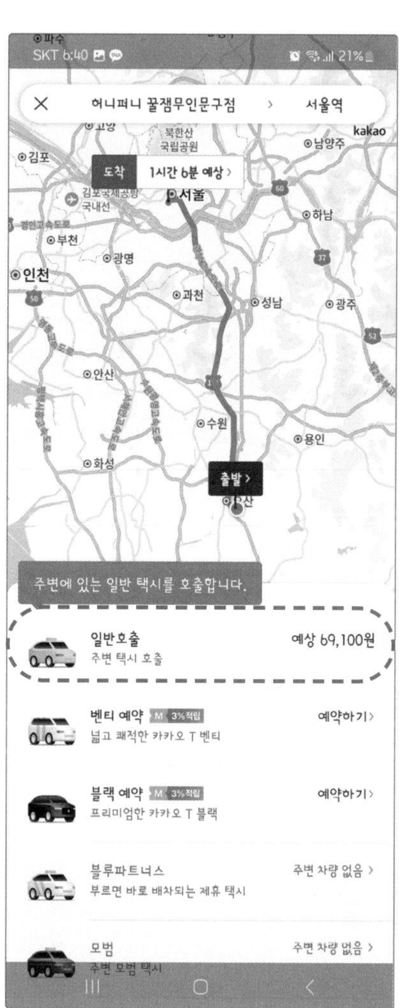

10

근처에 있는 택시를 요청합니다. 잠시 기다리면 배차가 완료되고 출발지로 택시가 도착합니다.

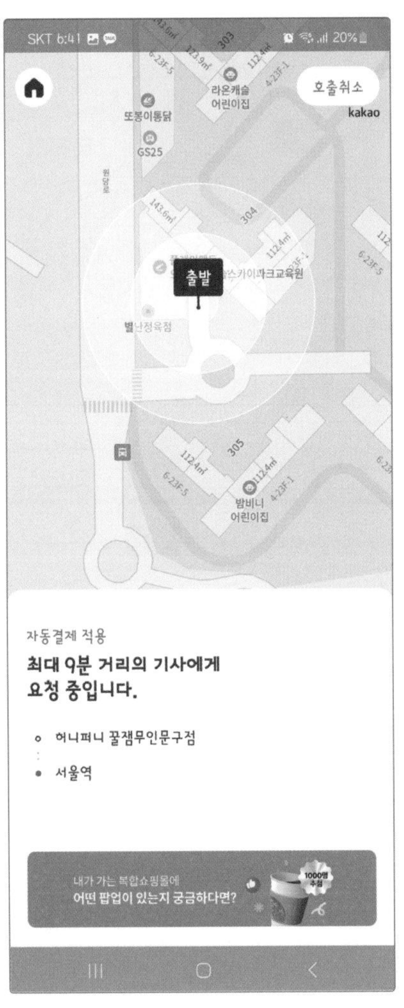

11

호출 화면에서 '벤티 예약'이나 '블랙 예약'을 누르면 택시 예약 기능도 활용할 수 있습니다.

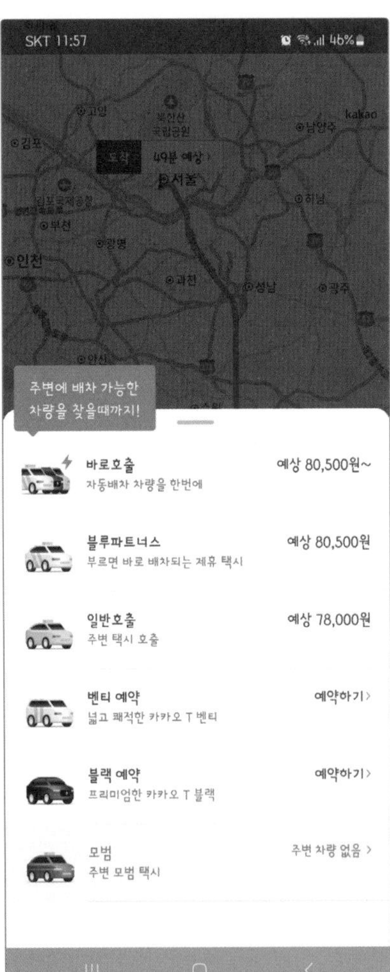

12

출발 시간을 입력하시고 [선택 완료]를 누르면 예약 접수가 진행됩니다.

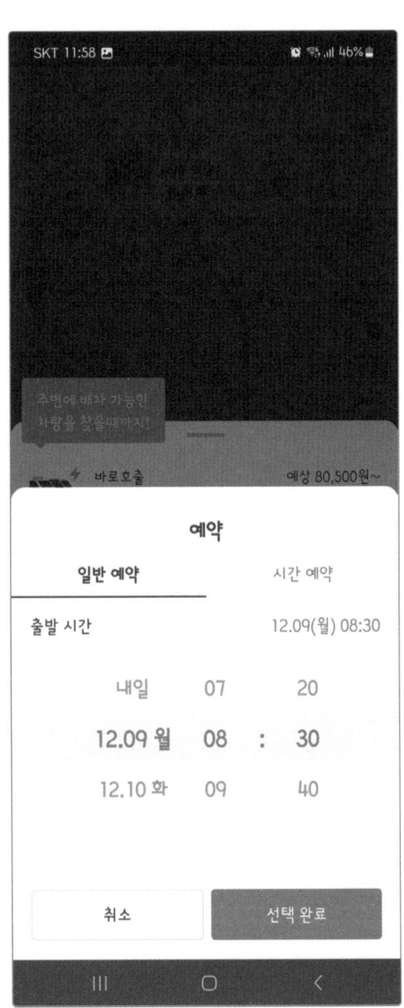

만나서 현금 결제하기

1 [호출하기]를 누르기 전 결제수단이 표시된 부분을 터치합니다.

2 오른쪽 끝에 있는 '직접 결제'로 변경하고 [적용하기]를 누르면 택시 요금을 현금으로 결제할 수 있습니다.

이번 섹션에서 알려 드린 카카오 택시 호출 방법을 통해서 언제 어디서나 쉽고 빠르게 원하는 위치로 택시를 호출할 수 있습니다. 그리고 예상 요금도 미리 확인할 수 있기 때문에 간편합니다.

만약 현금 결제가 필요하다면 결제수단을 '직접 결제'로 변경하여 현금으로 요금을 지불하면 됩니다.

카카오 택시에서는 택시의 '예약' 및 '경유' 또한 가능합니다. 앱 최초 화면에서 '택시 예약' 서비스를 누르시면 미리 호출을 예약할 수 있으며, 목적지가 여러 개인 경우 경유지 설정이 가능합니다.

다만, 일반 차량보다 좀 더 크고 편한 차량으로 배차되기 때문에 요금이 일반 호출보다 비쌉니다. 공항 이동, 병원 이동과 같은 특별한 경우에 이용하시길 추천드립니다.

4-4 어디론가 떠나고 싶을 때 기차표/버스표 예매하기

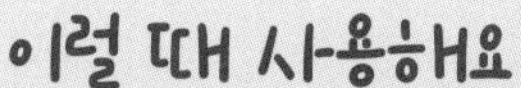

이럴 때 사용해요

"날씨가 좋아 어디론가 훌쩍 떠나고 싶어요. 평소에는 기차표나 버스표는 딸이 예매해 줬는데 이번에는 너무 바빠 보여서 직접 예매할거니까 걱정 말라고 큰소리쳤어요. 그런데 사실 어떻게 예매해야 할지 잘 모르겠어요."

이번 섹션에서는 어디론가 떠나고 싶을 때 기차표 혹은 버스표를 예매하는 방법에 대해서 알아보도록 하겠습니다. [예매] 앱을 이용해서 탑승권을 예매하는 방법에 대해서 확인해 보세요.

기차표 예매하기

1

구글 플레이 스토어에서 '코레일톡'을 설치하고 실행해 줍니다.

2

처음 화면에서 출발지와 도착지, 날짜, 인원수를 선택하고 [열차조회]를 눌러 줍니다.

3

출발지와 도착지는 각각 눌러서 '역 이름'을 검색하거나 초성에 따라 정렬되어 있는 목록에서 선택합니다.

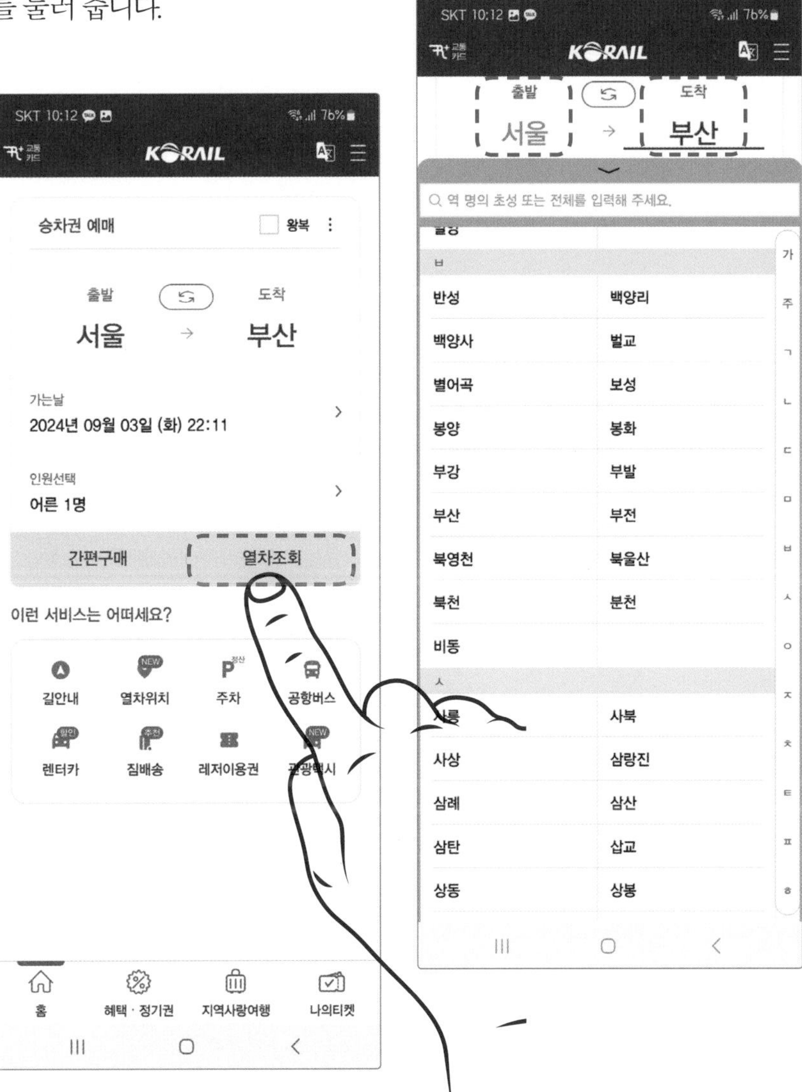

4

탑승하려는 날짜와 시간도 정확하게 지정해 줍니다.

5

검색된 열차 중 탑승하려는 열차의 일반실 및 특/우등석의 가격을 확인하고 한 가지를 선택해 주세요.

6

선택을 완료했다면 화면 하단 [예매] 버튼을 누르고 결제를 진행합니다. 이후 티켓을 확인하고 해당 날짜와 시간에 기차에 탑승하시면 됩니다.

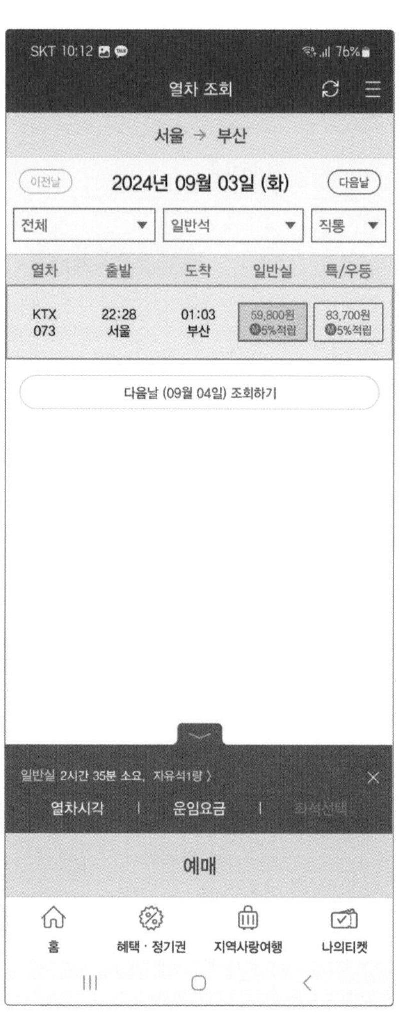

버스표 예매하기

1

시외버스 승차권 통합 예매 앱인 [버스타고]를 설치하고 실행해 줍니다.

2

[버스타고] 앱을 실행했다면 출발지와 목적지를 선택해 주도록 합니다.

3

출발하려는 날짜를 지정합니다.

4

왕복 예매라면 돌아오는 날짜도 함께 지정해 줍니다.

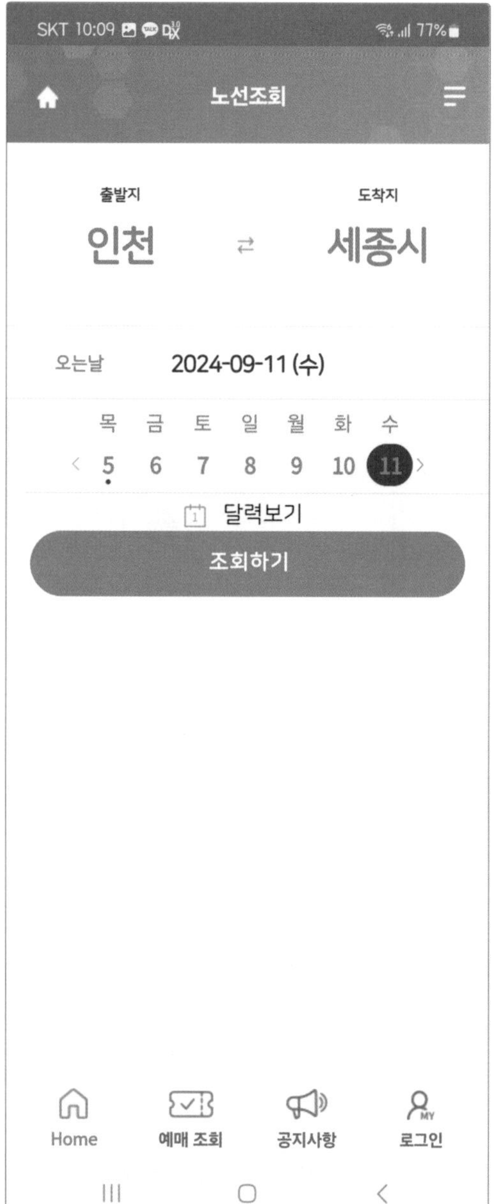

해당 날짜의 버스 시간, 등급, 잔여석, 요금을 확인하고 원하는 탑승권의 '요금' 부분을 누릅니다.

마지막으로 좌석을 선택한 다음 [예매하기]를 눌러 결제를 완료합니다.

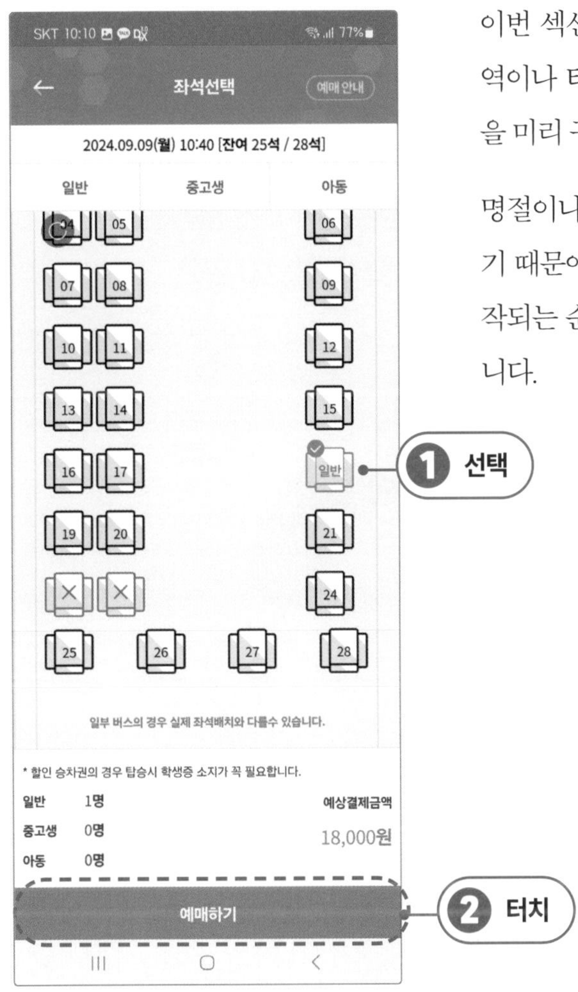

이번 섹션에서 알려 드린 기차표/버스표 예매 방법을 이용하면 직접 역이나 터미널에 방문하지 않아도 원하는 목적지로 이동하는 탑승권을 미리 구입할 수 있습니다.

명절이나 휴가철에는 사람들의 이동이 많아 일찍 표가 마감될 수 있기 때문에 일정을 잘 확인해야 합니다. 특히 명절 기차표는 예매가 시작되는 순간부터 접속이 몰리기 때문에 미리미리 준비하는 것이 좋습니다.

영상으로 복습해요!

더 자세한 내용은 영상을 통해 확인해 보세요.
해당 내용을 영상으로 살펴보시고 궁금한 사항은 댓글을 통해 질문해 보세요.

QR코드 확인하는 방법 10쪽 참고

4-5 신나는 여행을 준비하며 비행기, 숙박 예약하기

이럴 때 사용해요

"이번에 친구들과 여행을 가기로 했어요. 각자 준비할 것을 정했는데 저는 항공권과 숙박을 담당하기로 했습니다. 어디서 예약을 해야 제일 쉽게 예약할 수 있는지 알고 싶어요. 직접 하려고 하니까 처음이라 어렵더라고요."

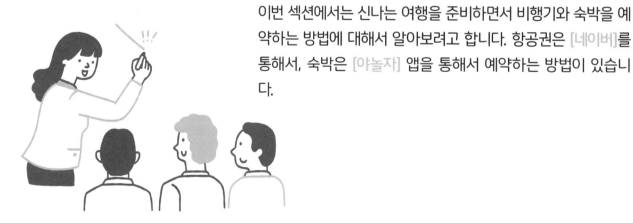

이번 섹션에서는 신나는 여행을 준비하면서 비행기와 숙박을 예약하는 방법에 대해서 알아보려고 합니다. 항공권은 [네이버]를 통해서, 숙박은 [야놀자] 앱을 통해서 예약하는 방법이 있습니다.

항공권 예약하기

1

홈 화면에서 [NAVER] 앱을 실행합니다.

2

검색 창에 "항공권"을 검색하고 '네이버 항공권'의 '도착지 선택'을 누릅니다.

3

출발지와 도착지를 선택한 다음에 '날짜' 부분을 눌러 줍니다.

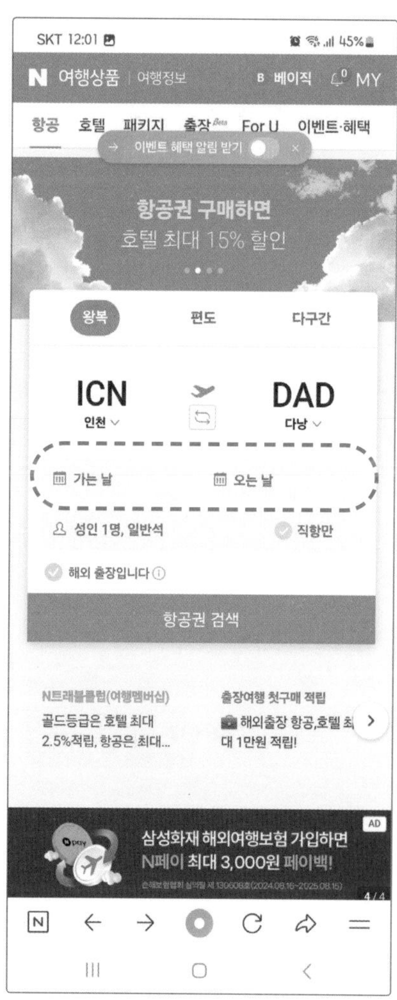

4

가는 날과 오는 날을 달력에서 선택해 줍니다.

5

탑승 인원을 인원에 맞게 지정해 줍니다. 그리고 [항공권 검색] 버튼을 누릅니다.

6

검색된 항공편의 출발, 도착 시간, 가격을 확인하고 원하는 항공편을 눌러 예약을 진행합니다.

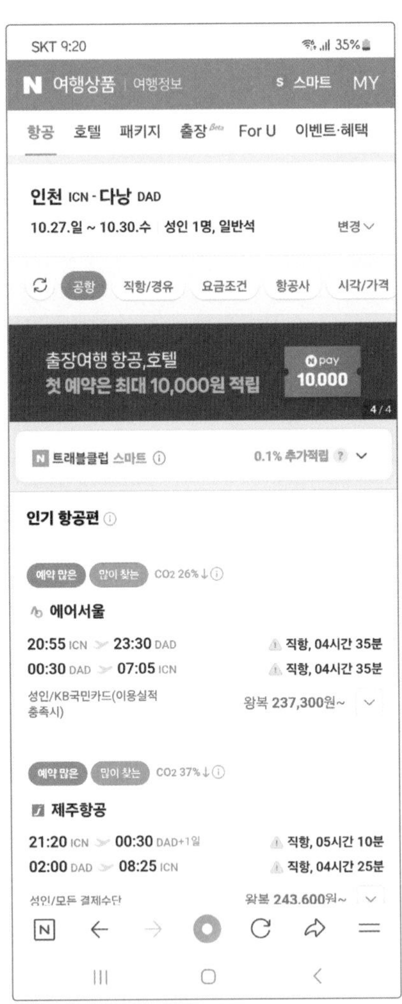

7

예약자 및 탑승자 정보를 입력하고 결제를 진행하면 예약이 완료됩니다.

숙소 예약하기

1

[야놀자] 앱을 설치하고 실행합니다.

2

[야놀자] 앱 메인 화면에서 필요에 따라 '호텔/리조트', '펜션/풀빌라' 또는 '해외 숙소'를 선택합니다.

3

예시로 '펜션/풀빌라'를 눌러 설명 드리겠습니다. [지역 선택] 버튼을 누릅니다.

4

여행을 가려는 지역을 선택해 줍니다.

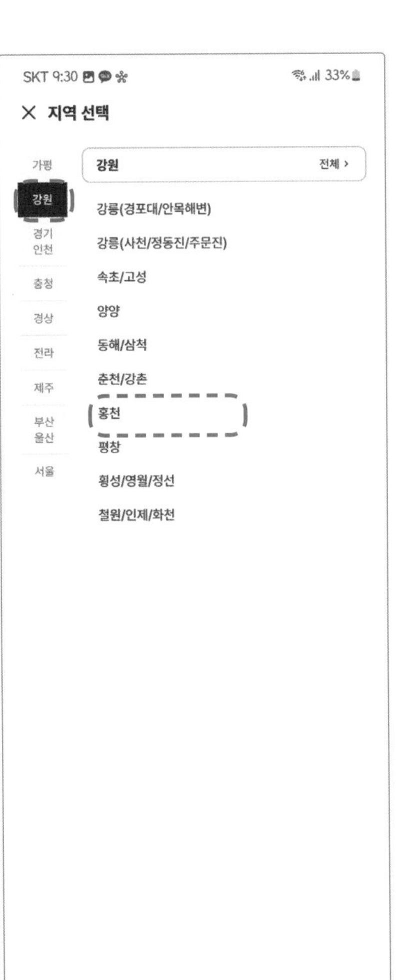

5

숙박 일정과 인원수를 지정한 후 숙소 목록에서 가격을 확인하고 원하는 숙소를 선택합니다.

숙소 타입을 선택하고 예약 정보를 입력해 결제를 진행합니다.

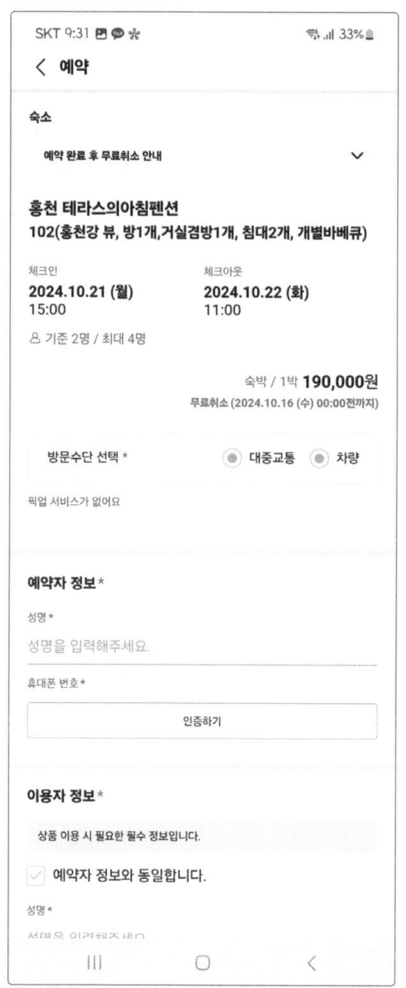

이번 섹션에서 알려 드린 항공권, 숙박 예약 방법을 통해서 여행을 떠날 때 쉽고 편리하게 비행편과 숙소를 예약할 수 있습니다.

다만, 휴가철이나 명절에는 몇 주 전부터 예약이 마감되는 경우가 많기 때문에 미리 확인하고 예약을 완료하는 것이 좋습니다.

[야놀자] 앱에서도 항공권 예매가 가능합니다. 다만, 항공권의 경우 플랫폼마다 가격이 다르게 표시되며 언제 예약하냐에 따라서도 가격이 달라집니다.

그렇기 때문에 여행 계획을 세웠다면 몇 주 전부터 확인해 보고 가장 가격이 저렴한 티켓을 구매하는 것이 좋습니다.

4-6 여행의 시작은 계획부터! 여행 일정표 만들어 보기

이럴 때 사용해요

"오랜만에 친구들과 떠나는 해외여행을 계획 중이에요. 그런데 처음 가는 곳이라 어디를 방문해야 하는지, 동선은 어떻게 짜야 하는지 스케줄 만들기가 너무 어려워요. 관광지 정보를 확인하고 일정표까지 한 번에 만들 수 있는 방법이 있으면 좋겠어요."

이번 섹션에서는 여행 계획을 세우면서 여행 일정표를 만들어 보는 방법에 대해서 알아보도록 하겠습니다. [트리플] 앱을 이용하여 일정에 맞게 관광지를 선택하면 여행 스케줄을 쉽게 짤 수 있어 편리하게 즐거운 여행을 즐길 수 있습니다.

여행 일정표 만들기

❶

[트리플] 앱을 설치하고 실행해 줍니다.

❷

화면 오른쪽 상단의 [일정 아이콘] 버튼을 선택합니다.

❸

가장 먼저 여행지를 선택해야 합니다. 검색 또는 카테고리를 선택해 목록에서 여행지를 골라줍니다.

4

원하는 여행지의 [선택] 버튼을 누르고, [선택 완료] 버튼도 눌러 주세요.

5

다음으로 여행 일정을 등록합니다. 출발하는 날과 돌아오는 날을 설정한 뒤 [등록 완료] 버튼을 누릅니다.

6

해당 여행지와 날짜로 일정이 만들어졌습니다. 날짜별 관광지를 추가하기 위해서 [장소 추가] 버튼을 누릅니다.

검색 또는 추천 관광지 목록을 보고 목적지의 [선택] 버튼을 누릅니다.

모두 골랐다면 화면 하단의 [선택완료] 버튼을 눌러 일정에 추가합니다.

나머지 날짜들도 동일한 순서로 관광지를 모두 추가해 주도록 합니다.

10

일정표에서 관광지를 누르면 [>] 버튼으로 정보를 확인하거나 [길찾기] 버튼으로 길찾기를 시작할 수 있습니다.

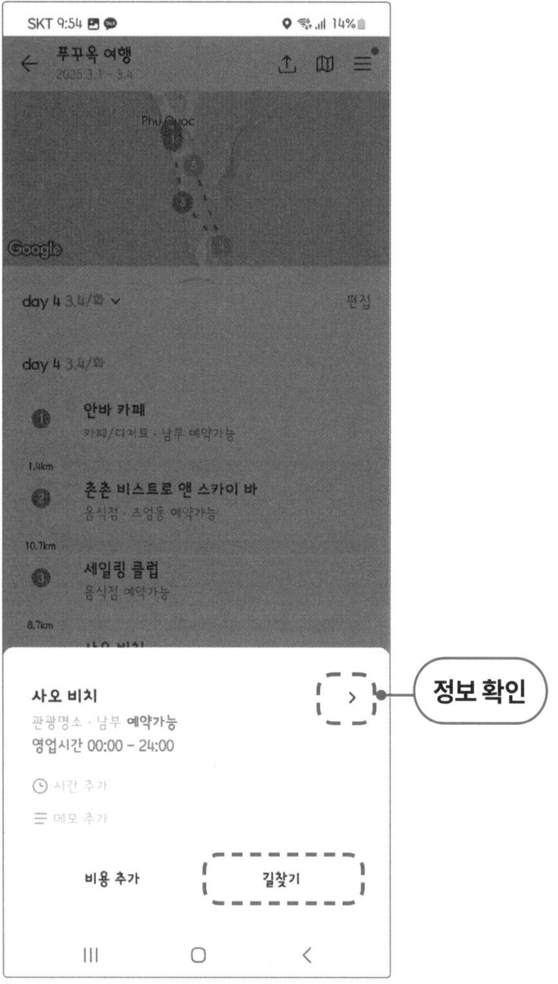

여행 일정표 일행에게 공유하기

1

일정표에서 오른쪽 상단의 '공유()' 아이콘을 누릅니다.

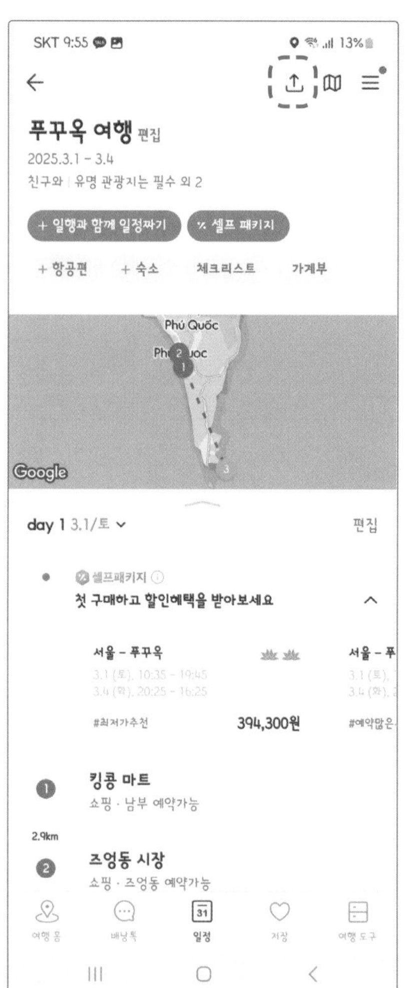

2

'일정 링크 공유하기(보기 전용)'을 눌러 카카오톡으로 일행에게 여행 일정표를 공유할 수 있습니다.

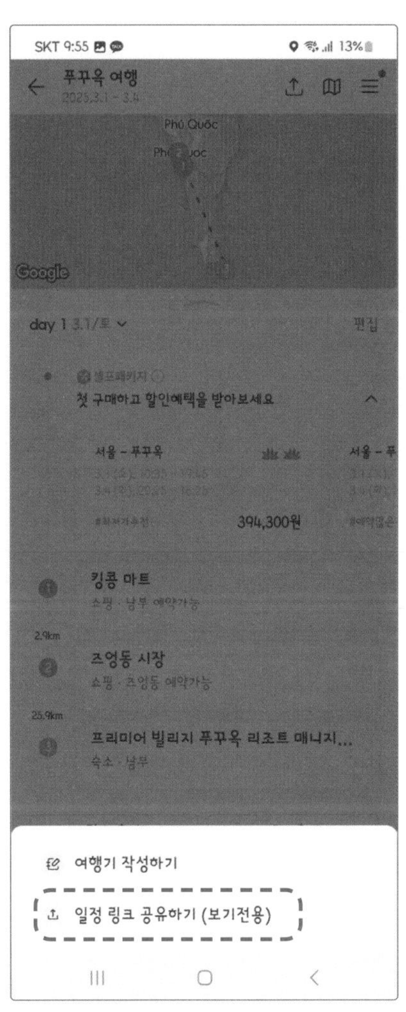

이번 섹션에서 알려 드린 [트리플] 앱으로 여행 일정표를 만드시면 여행을 좀 더 편리하고 구체적으로 계획할 수 있습니다. 관광지에 대한 정보 안내 및 길찾기 기능을 이용하면 현지에서도 수월하게 이동이 가능하니 큰 도움이 될 것입니다.

버튼 몇 번으로 함께 가는 일행에게 일정표를 공유할 수 있으며 함께 오지 못한 가족에게 동선을 알리는 용도로 활용해 보시기 바랍니다.

[트리플] 앱에서는 일정표 만들기 뿐만 아니라 항공권, 숙소, 티켓 등 여행에 필요한 요소들을 조회하고 구매할 수 있습니다.

또한 배낭톡 기능으로 현지에 있는 우리나라 사람들과 정보를 교환하고 도움을 얻을 수 있어 활용도가 높습니다.

4-7 외국어를 몰라도 당황하지 마세요! 번역/통역 앱 사용하기

"이번에 오랜만에 해외여행을 떠나요. 그런데 말이 안통하니 해외에서 길을 물어보거나 물건을 사려고 할 때가 벌써 걱정이 돼요. 일행 중에 외국어를 잘하는 사람이 없어서 문제 없이 돌아다닐 수 있을지 모르겠어요."

이번 섹션에서는 갑자기 외국어가 들려와도 당황하지 않을 수 있는 번역/통역 앱 사용법에 대해서 알아보도록 하겠습니다. [파파고] 앱을 이용하면 간단하게 한국어 > 외국어 번역은 물론 외국어 > 한국어 통번역이 가능해 큰 도움이 됩니다.

파파고 번역/통역 앱 사용하기

1

[파파고] 앱을 설치하고 실행해 줍니다.

2

앱을 실행한 모습입니다. 번역할 내용을 입력하기 전에 번역할 언어를 터치합니다.

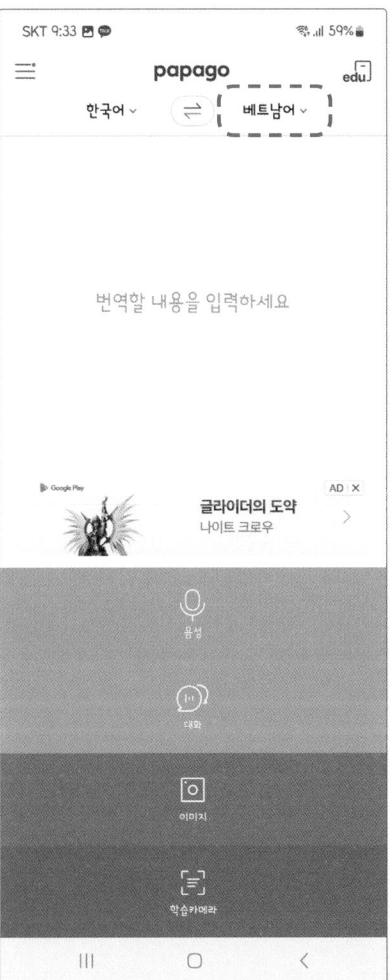

3

번역할 언어를 찾아 선택해 줍니다.

❹

이제 번역할 내용을 입력합니다. 곧 바로 선택한 언어로 번역됩니다.

[스피커] 버튼( )을 누르면 번역된 언어가 음성으로 재생됩니다.

[복사] 버튼( )을 누르면 클립보드에 복사하고, 메신저 앱 등에서 붙여넣기해 전송할 수 있습니다.

음성 및 대화 통역

처음 화면에서 [음성]을 누릅니다.

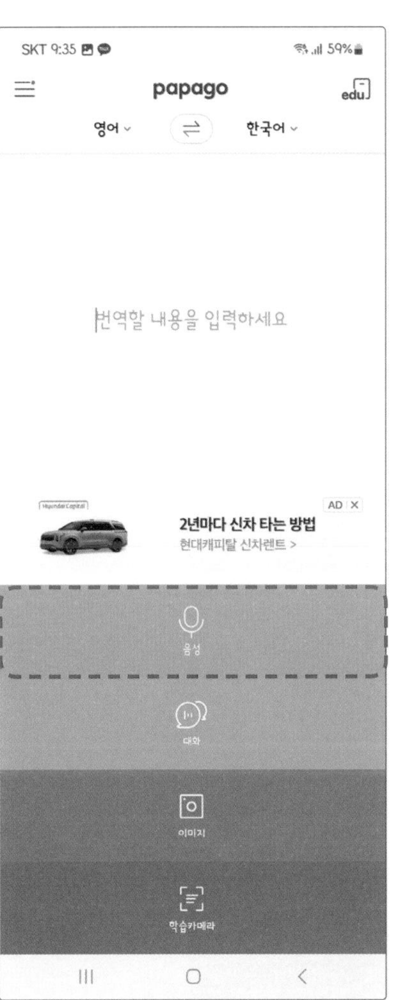

2

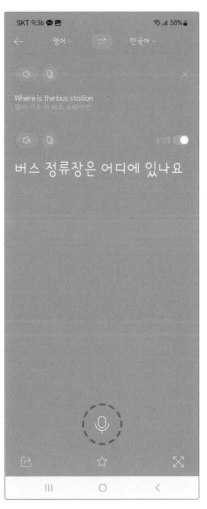

[마이크] 버튼(🎙)을 누르고 상대방의 말을 듣게 합니다. 그러면 자동으로 언어가 인식되고 선택한 언어로 통역됩니다.

3

'대화' 기능을 사용할 때는 한국어 [마이크] 버튼을 누르고 이야기하고 그 후 번역된 상대의 언어를 보여줍니다.

4

외국인인 상대방이 이야기하려고 할 때는 해당 언어의 [마이크] 버튼을 누르고 말하게 하면 그대로 통역됩니다.

사진 번역

1

'이미지' 번역을 사용하려면 외국어 간판 등을 전환된 카메라 화면에서 촬영하면 됩니다.

2

촬영된 사진 안의 언어가 자동으로 인식되고 그 자리에 번역됩니다.

이번 섹션에서 알려 드린 번역/통번역 앱인 '파파고' 사용법을 알고 있으면 어디로 여행을 가든 외국인과 대화해야 하는 상황이 생겼을 때 당황하지 않고 원하는 이야기를 할 수 있습니다.

특히 '대화' 기능을 활용하면 양방향으로 소통이 가능하기 때문에 외국인과도 자연스럽게 대화할 수 있습니다. 만약 사람과의 대화가 아닌 간판, 이정표 등 사물에 있는 언어를 번역해야 한다면 '이미지' 번역 기능을 이용하면 됩니다.

더 자세한 내용은 영상을 통해 확인해 보세요.
해당 내용을 영상으로 살펴보시고 궁금한 사항은 댓글을 통해 질문해 보세요.

QR코드 확인하는 방법
10쪽 참고

4-8 초행길도 문제없이 네이버 지도/티맵으로 길찾기

이럴 때 사용해요

"아들 부부가 이번에 새로 이사를 했어요. 전철을 타고 근처 역까지는 잘 갔는데 그 다음부터 어떻게 이동해야 하는지 모르겠더라고요. 번거로울까봐 역으로 태우러 온다는 아들을 만류했는데 괜히 그랬나 싶더라고요."

이번 섹션에서는 초행길도 문제없이 찾아갈 수 있는 [네이버 지도], [티맵] 길찾기 기능을 알아보도록 하겠습니다. 목적지만 설정하면 다양한 이동 수단의 경로를 알려 주기 때문에 초행길도 쉽게 이동할 수 있습니다.

네이버 지도 길찾기

1. [네이버 지도] 앱을 설치하고 실행해 줍니다.

2. 화면 상단 입력 창을 누릅니다.

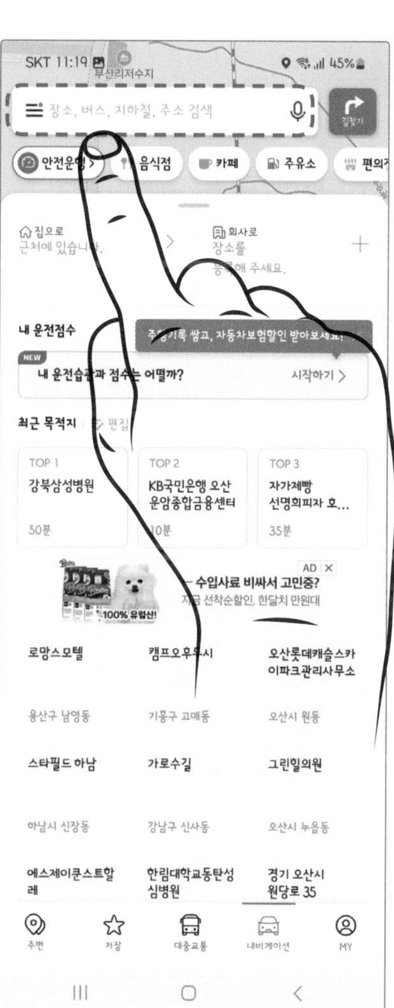

3. "목적지"를 입력하고 목록에서 원하는 목적지를 선택합니다.

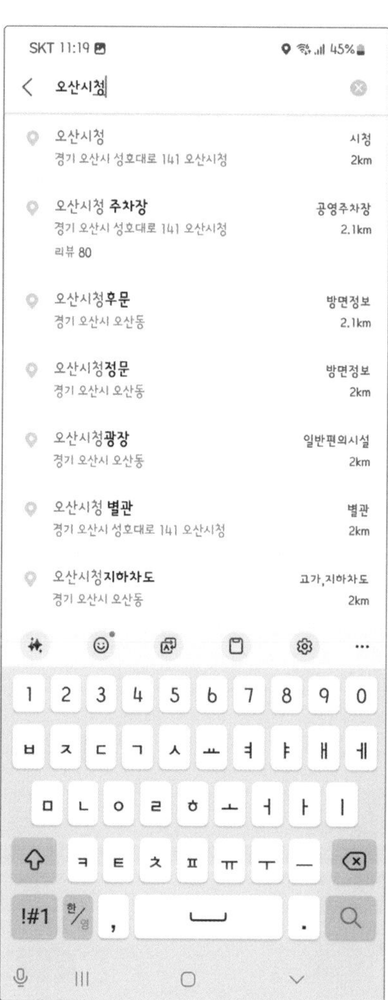

4

지도에 해당 목적지가 표시되었다면 화면 아래 [도착]을 누릅니다.

5

차량의 이동 경로와 예상 소요 시간이 지도에 표시됩니다. [안내시작]을 누르면 내비게이션 사용이 가능합니다.

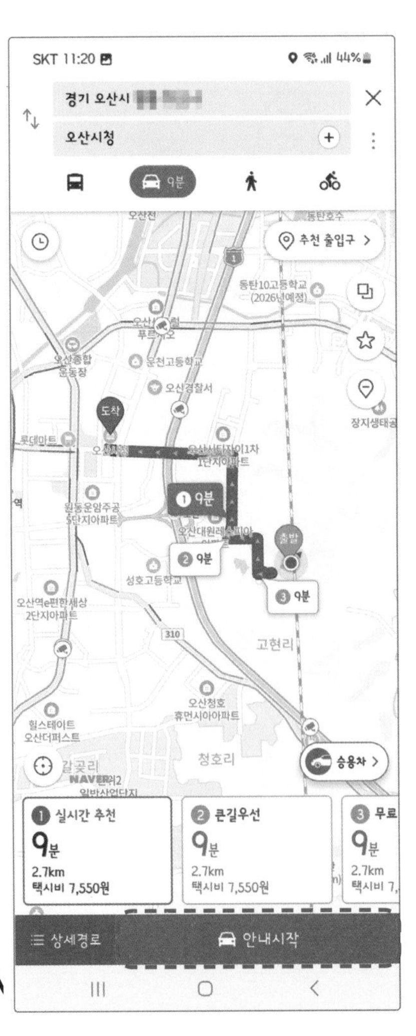

6

대중교통(🚌) 버튼을 누르면 버스 및 지하철을 이용한 이동 방법을 안내받을 수 있습니다.

7

도보(🚶) 버튼을 눌러 걸어서 이동하는 경로도 안내받을 수 있습니다. [따라가기]를 누릅니다.

골목 하나하나 자세한 길 안내가 제공됩니다. 화면을 보면서 목적지로 이동하면 됩니다.

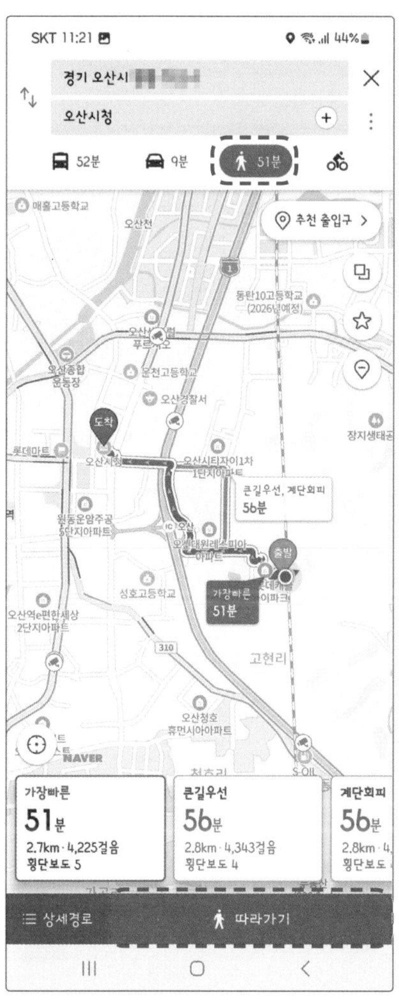

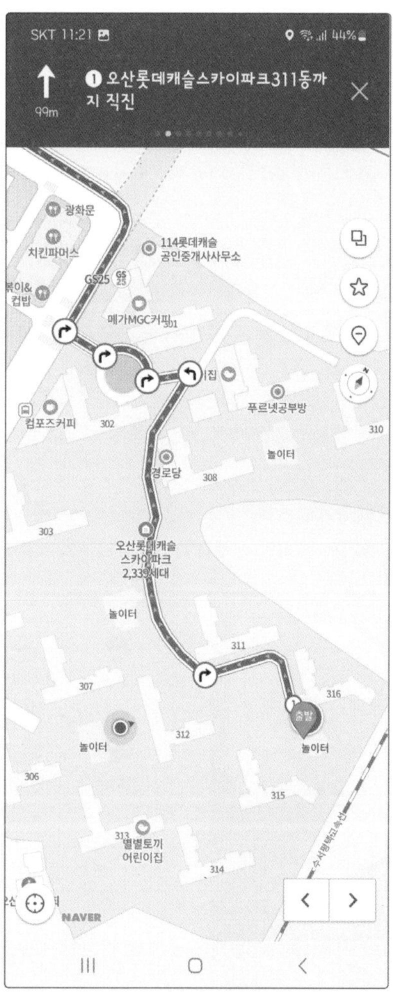

티맵 길찾기

1

[티맵(TMAP)] 앱을 설치하고 실행해 줍니다.

2

화면 상단 '어디로 갈까요?' 입력 창을 누릅니다.

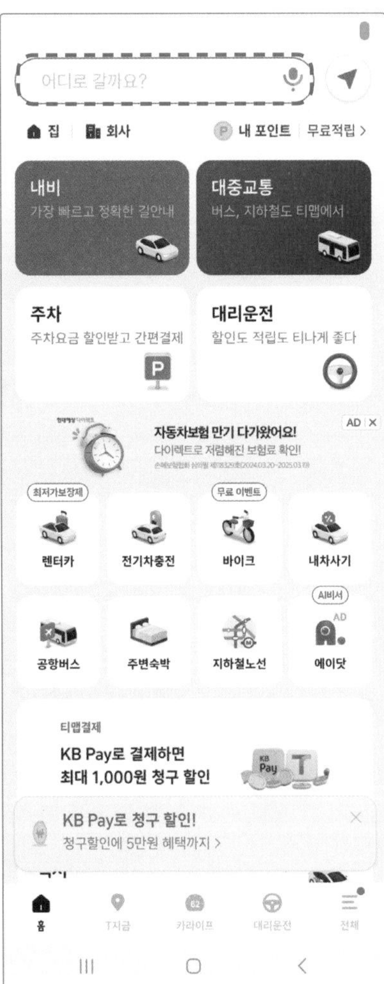

3

'목적지'를 입력하고 검색한 뒤 결과 목록에서 원하는 목적지의 [안내] 버튼을 누릅니다.

지도에 표시된 경로와 소요 시간을 확인하고 [안내시작]을 누르면 내비게이션이 실행됩니다. 마찬가지로 대중교통 및 도보 안내 기능도 지원됩니다.

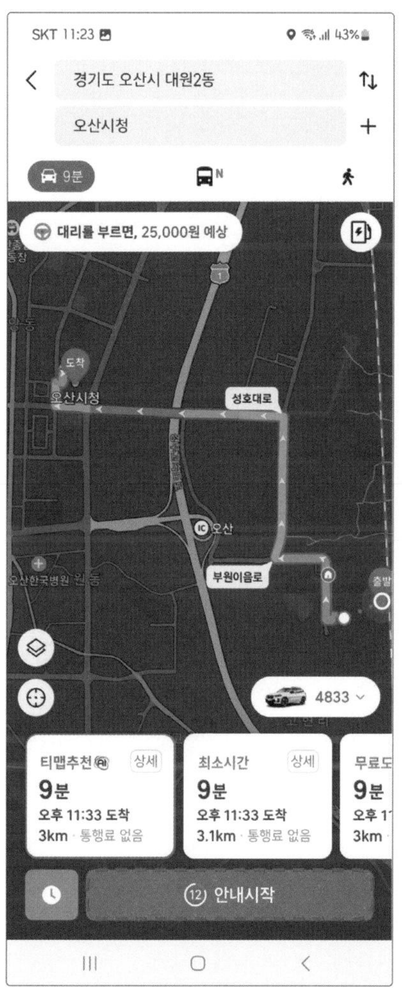

이번 섹션에서 알려 드린 네이버 지도 및 티맵 사용법을 통해서 목적지가 어디든 편리하게 적합한 경로를 확인하고 안내받을 수 있습니다.

자가용은 물론 버스 및 지하철의 대중교통, 도보 이동 시에도 가장 효율적인 이동 경로를 확인할 수 있습니다. 출발지는 스마트폰 GPS를 통해 자동으로 설정되지만, 변경도 가능합니다.

네이버 지도와 티맵 모두 자가용을 운전하면서 사용하는 경우 '내 운전 점수'를 집계할 수 있습니다. 해당 점수를 활용해서 자동차 보험 가입 시 할인을 적용받을 수 있습니다.

도보로 이동할 때에는 스마트폰을 보느라 앞을 제대로 보지 못해 걸려 넘어지거나 차와 부딪히는 경우가 발생할 수 있습니다. 반드시 앞을 잘 보면서 이동하셔야 합니다.

4-9 아직도 무작정 기다리시나요? 버스, 지하철 도착 시간 확인하기

이럴 때 사용해요

"친구집에 가려는데 밖에 날씨가 너무 추워서 버스 도착 시간에 맞춰서 나가려고 해요. 버스를 타고 역에 도착하면 지하철로 갈아타야 하니 약속 시간에 늦지 않게 지하철 도착 시간도 정확히 확인하고 이동하고 싶어요."

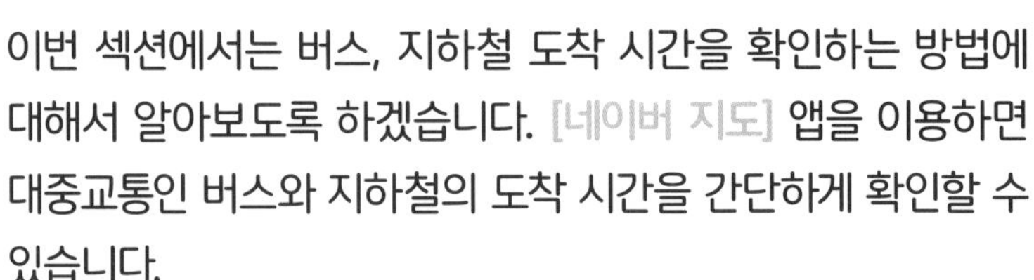

이번 섹션에서는 버스, 지하철 도착 시간을 확인하는 방법에 대해서 알아보도록 하겠습니다. [네이버 지도] 앱을 이용하면 대중교통인 버스와 지하철의 도착 시간을 간단하게 확인할 수 있습니다.

버스 도착 시간 확인하기

1 [네이버 지도] 앱을 설치하고 실행해 줍니다.

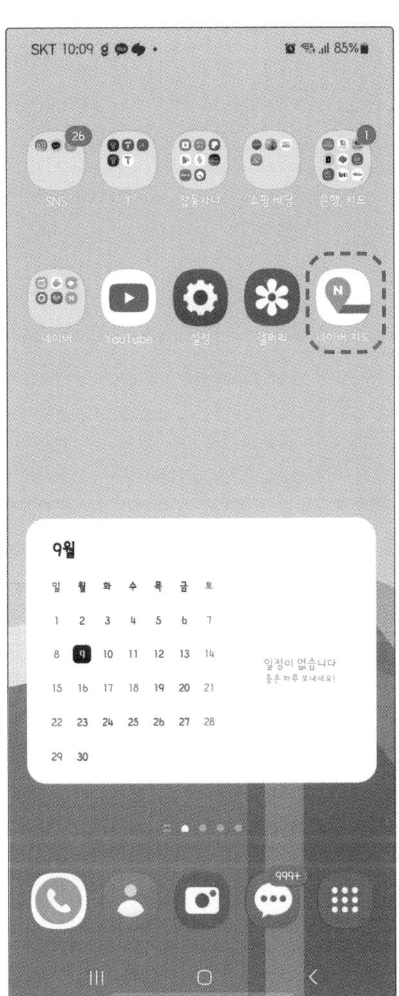

2 화면 상단 입력 창을 누릅니다.

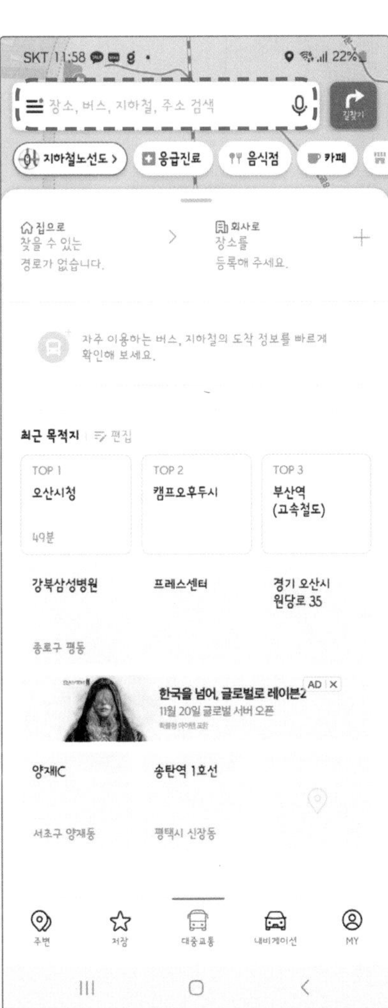

3 출발지를 검색한 뒤 목록에서 선택합니다.

4

지도를 보고 버스를 타야 하는 정류장을 선택한 뒤 화면 아래에서 정류장 이름을 누릅니다.

5

현재 시간을 기준으로 버스들의 도착까지 남은 시간, 남은 정류장 개수, 좌석 혼잡도가 표시됩니다.

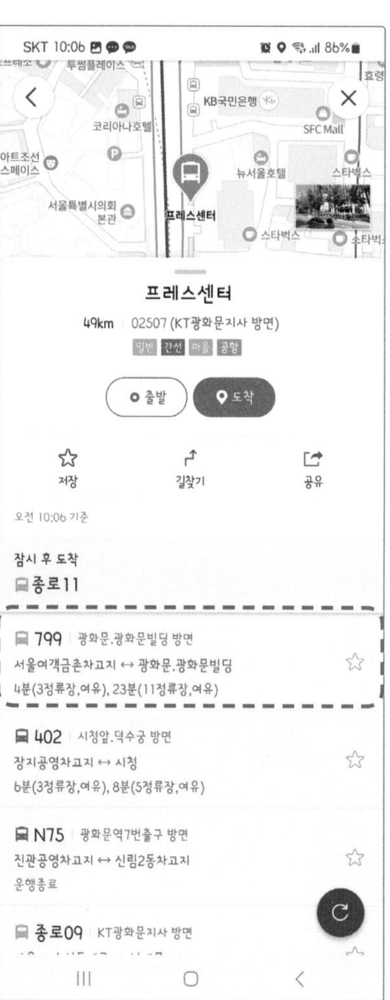

6

내가 타려는 버스 번호를 누르면 다음에 오는 버스의 정확한 위치를 확인할 수 있습니다.

지하철 도착 시간 확인하기

[네이버 지도] 입력 창 왼쪽 상단에 보이는 ≡ 버튼을 누릅니다.

목록에서 [지하철 노선도]를 선택합니다.

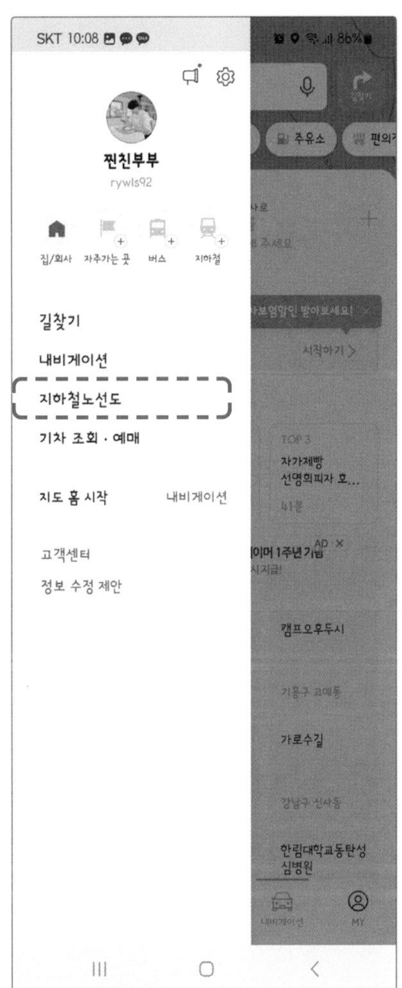

3

서울 및 수도권의 지하철 노선도가 나타나면 두 손가락을 이용해 확대하고 탑승하려는 역을 선택합니다.

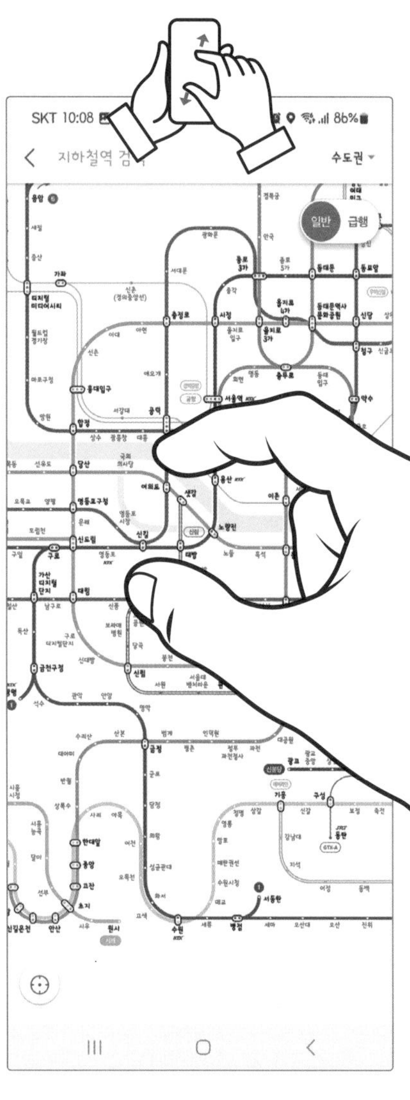

4

방면(방향)을 확인하고 지하철의 도착까지 남은 시간을 확인해 줍니다.

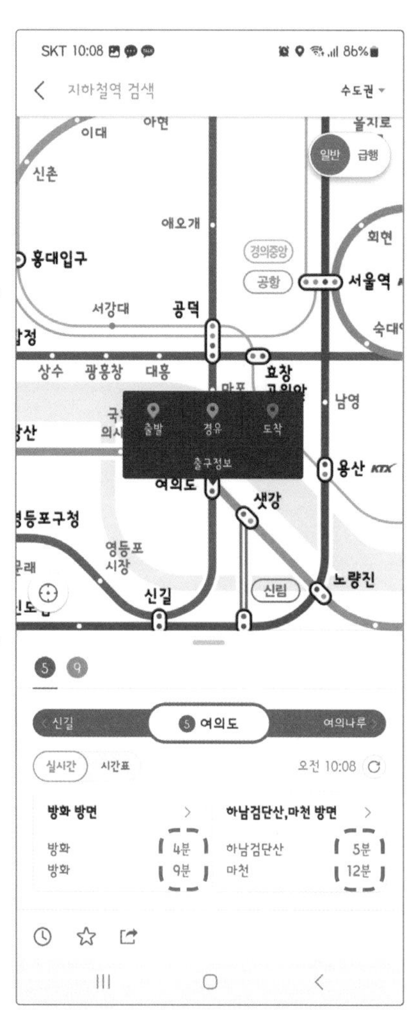

5

화면에 표시된 차편들보다 더 많은 열차 시간을 확인하고 싶다면 탑승 방면 부분을 눌러 줍니다.

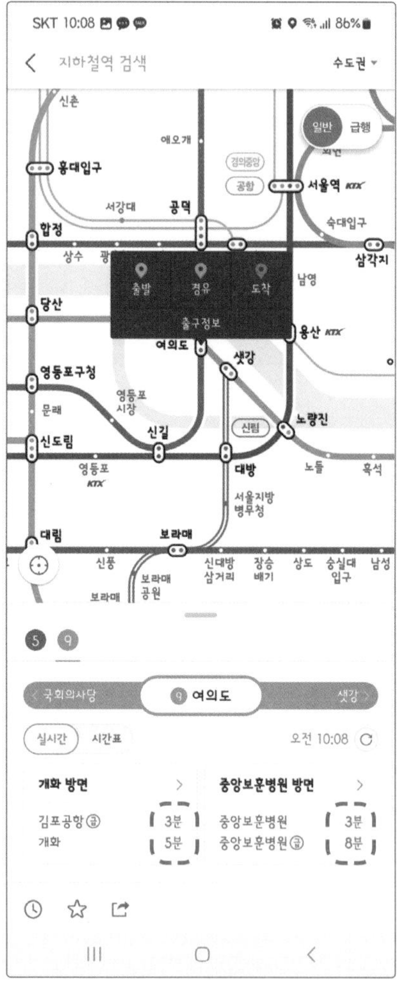

도착 정보가 표시되는 시간표를 추가로 확인할 수 있습니다.

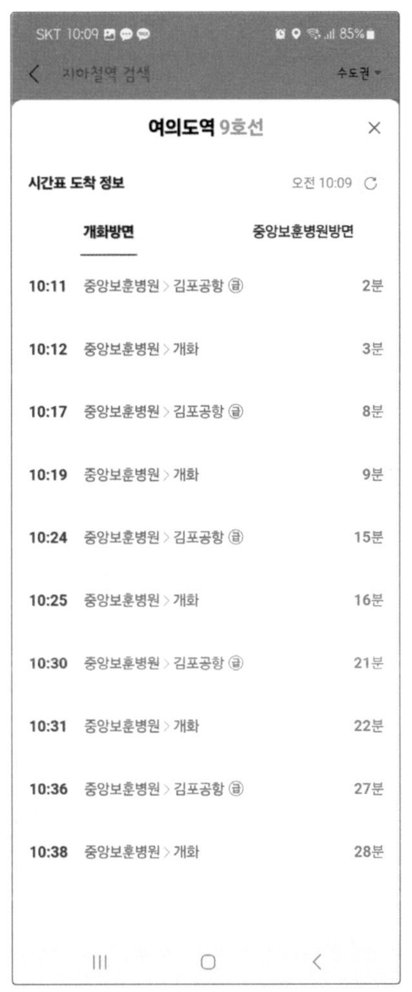

이번 섹션에서는 [네이버 지도] 앱을 이용하여 버스 및 지하철 도착 시간을 확인하는 방법에 대해서 알아봤습니다. 버스와 지하철이 언제 도착하는지 실시간으로 확인하고 늦지 않게 탑승할 수 있습니다. 매번 같은 시간에 오다가도 차가 밀리거나 사고가 생겨 정류장에 늦게 도착할 수 있으니 실시간 확인은 필수입니다.

지하철 도착 시간을 확인할 때는 반드시 어느 방면인지, 타야 하는 노선이 맞는지 여러 번 확인해 주어야 합니다. 그렇지 않으면 시간을 잘못 계산하게 되거나 실수로 다른 열차를 탑승하는 경우도 생길 수 있습니다.

[네이버 지도] 앱에서는 대중교통을 이용할 때에도 내비게이션 기능을 지원하고 있습니다.

목적지를 입력하고 대중교통으로 선택 후 원하는 경로의 [바로 안내시작] 버튼을 누르면 도보부터 버스, 지하철 탑승 및 하차까지 실시간으로 안내가 이루어집니다.

4-10 집 밖에 나가기 귀찮을 땐 쇼핑 앱/배달 앱 써 보기

이럴 때 사용해요

"집에 휴지가 떨어져 마트에 가야 하는데 무릎이 아파서 밖에 도저히 나갈 수가 없어요. 아들한테 부탁하기도 미안해서 말을 못하겠어요. 먹고 싶은 음식이 있는데 밖에는 눈이 와서 직접 가지는 못하겠고 어떡해야 할지 모르겠어요."

이번 섹션에서는 집 밖에 나가지 않아도 물건 혹은 배달 음식을 집에서 받아볼 수 있는 쇼핑 앱/배달 앱 사용 방법에 대해서 알아보도록 하겠습니다. [쿠팡]과 [배달의민족] 앱을 이용하면 생필품 혹은 음식을 집으로 주문할 수 있습니다.

[쿠팡] 앱으로 물건 주문하기

1

[쿠팡] 앱을 설치하고 실행해 줍니다.

2

[쿠팡] 홈 화면에서 화면 위쪽 검색창을 눌러 원하는 상품을 검색합니다.

3

검색 결과에서 상품들을 확인합니다. 만약 급하게 필요한 생필품이라면 '로켓'을 눌러 줍니다.

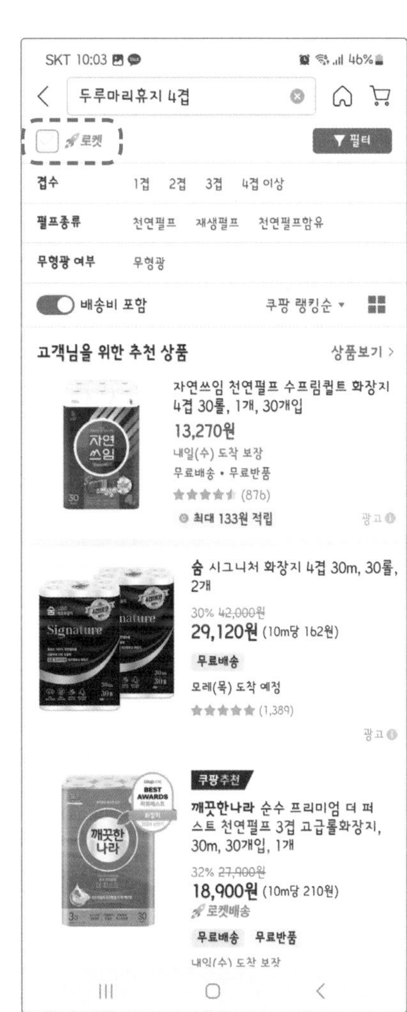

4

목록에서 구매할 상품을 선택합니다.

5

상품의 가격 및 상세 정보를 확인한 뒤 구매를 결정했다면 [바로 구매]를 누릅니다.

6

[밀어서 결제하기] 부분을 오른쪽으로 밀어 결제를 완료합니다.

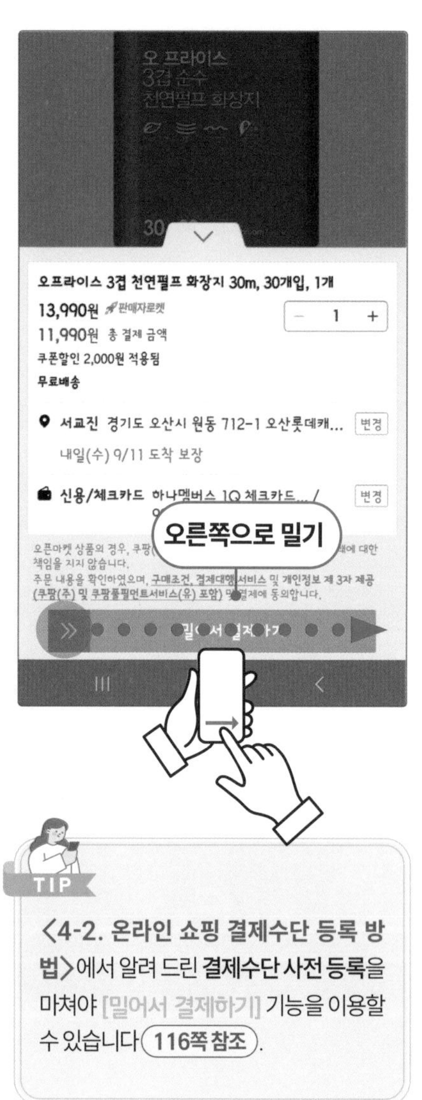

TIP

<4-2. 온라인 쇼핑 결제수단 등록 방법>에서 알려 드린 **결제수단 사전 등록**을 마쳐야 [밀어서 결제하기] 기능을 이용할 수 있습니다(116쪽 참조).

[배달의민족] 앱으로 음식 주문하기

1

[배달의민족] 앱을 설치하고 실행합니다.

화면 위쪽 검색 창에 먹고 싶은 음식을 입력합니다.

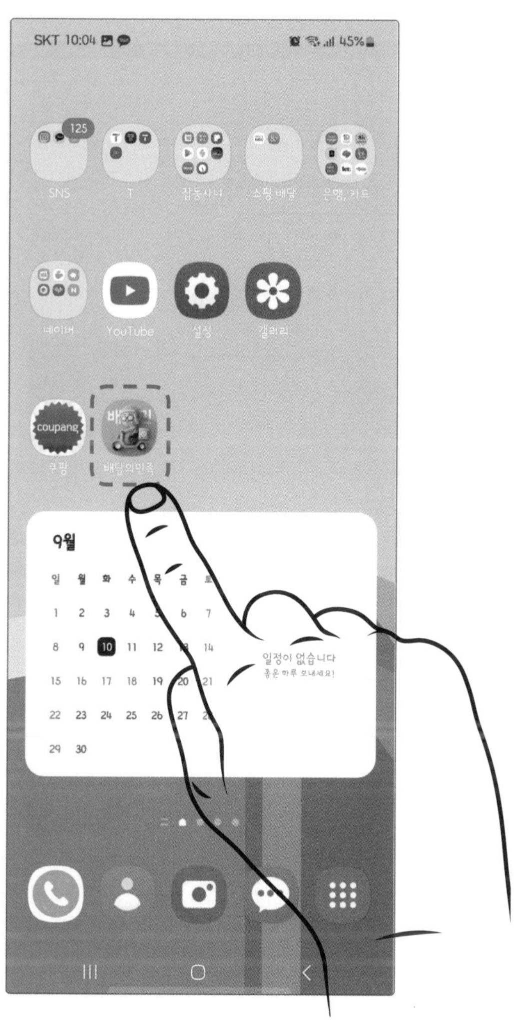

3

집 주변에 해당 음식을 시킬 수 있는 음식점이 검색됩니다. 원하는 곳을 선택합니다.

4

메뉴와 가격을 확인하고 주문할 메뉴를 고릅니다.

5

추가된 메뉴는 가격과 함께 화면 하단에 보이는 [장바구니 보기]를 눌러 확인할 수 있습니다.

수령 방법을 선택한 뒤 최종 결제 금액을 확인해 줍니다. [배달 주문하기] 버튼을 눌러 결제를 진행합니다.

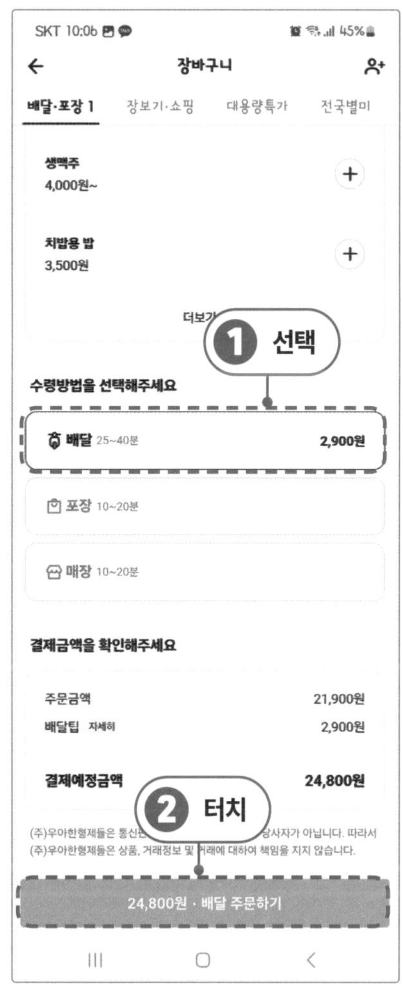

이번 섹션에서 알려 드린 [쿠팡], [배달의민족] 앱을 이용하면 밖에 나가기 어렵거나 귀찮을 때 생필품 또는 음식을 간편하게 주문할 수 있습니다.

쿠팡의 '로켓배송'은 당일 혹은 늦어도 다음날에 도착하기 때문에 급하게 물건이 필요할 때 꼭 한 번 이용해 보는 것을 추천드립니다. 다만, '로켓배송'을 이용하려면 추가로 월회비를 결제해야 합니다.

두 가지 앱 모두 회원가입을 진행하면서 주소 및 결제수단을 등록해야 주문이 가능합니다. 처음 앱을 실행했을 때 안내되는 대로 회원가입을 진행하고 필요한 정보를 등록해 주세요.

더 자세한 내용은 영상을 통해 확인해 보세요.
해당 내용을 영상으로 살펴보시고 궁금한 사항은 댓글을 통해 질문해 보세요.

QR코드 확인하는 방법 10쪽 참고

4-11 최신 유행 AI(인공지능), 챗GPT 활용하기

이럴 때 사용해요

"당뇨병에 좋은 식재료와 그것을 이용해 만든 음식은 뭐가 있는지 궁금해요."

"요즘 영어 공부 중인데 매일 외울 단어를 추천받고 싶어요."

"고민이 있어 상담이 필요할 때도 있고 부담 없이 대화를 나눌 수 있는 말벗이 있으면 좋겠어요."

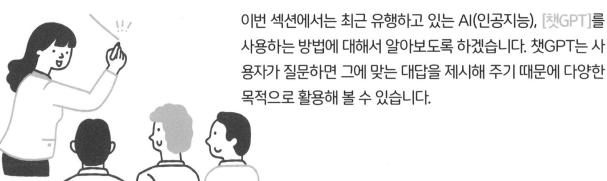

이번 섹션에서는 최근 유행하고 있는 AI(인공지능), [챗GPT]를 사용하는 방법에 대해서 알아보도록 하겠습니다. 챗GPT는 사용자가 질문하면 그에 맞는 대답을 제시해 주기 때문에 다양한 목적으로 활용해 볼 수 있습니다.

챗GPT 들어가기

1

[인터넷] 앱을 선택해 실행합니다.

2

Google 검색 창에 접속해 주세요.

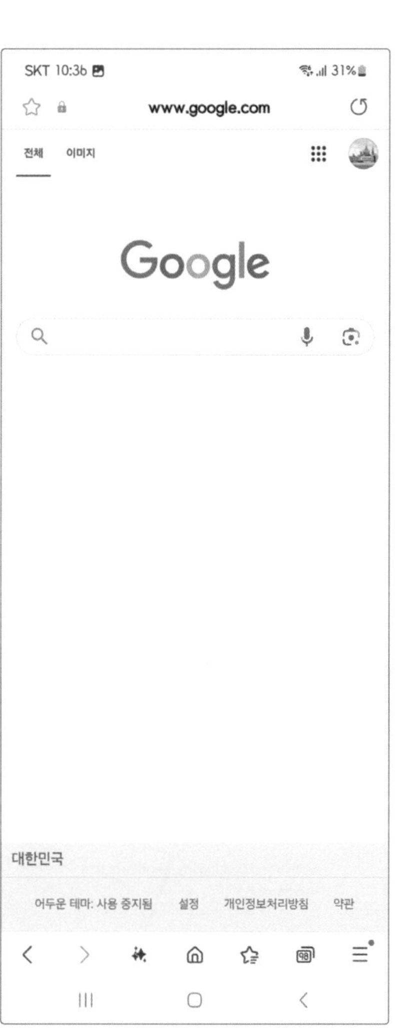

3

검색 창에 "Chatgpt"를 입력해 검색합니다.

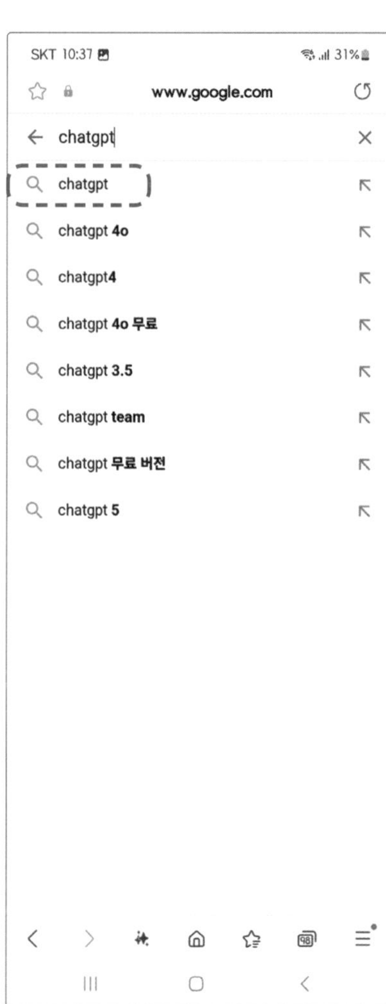

4

검색 결과에 나타난 'ChatGPT'를 눌러 들어갑니다.

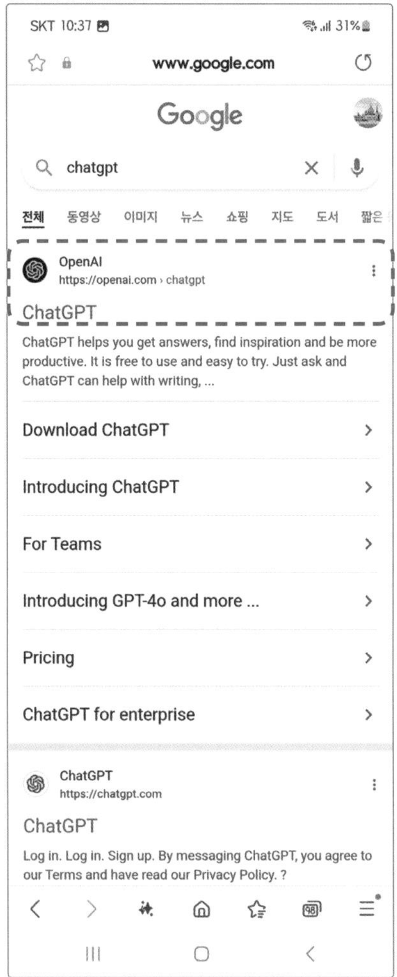

5

다음과 같은 화면에서 [Start now] 버튼을 누릅니다.

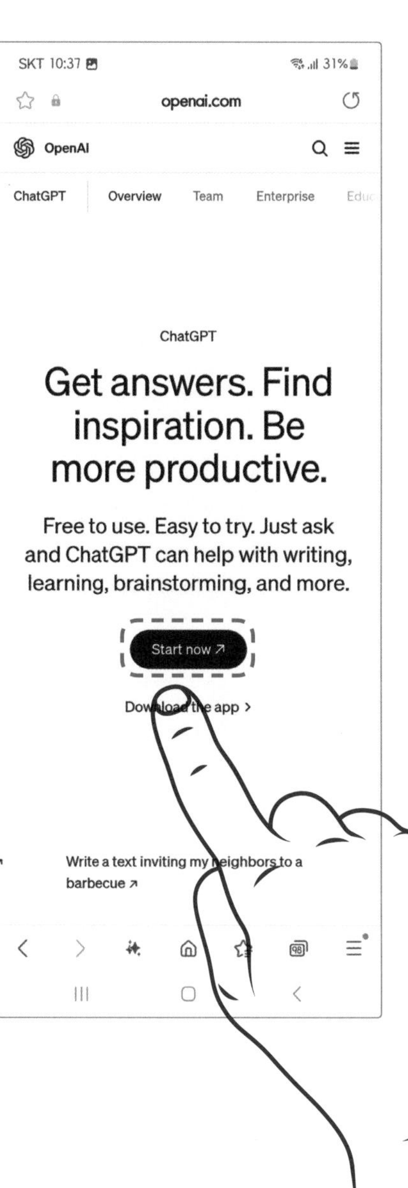

6

이제 하단 '메시지 ChatGPT' 부분에 질문을 입력해 AI와 대화할 수 있습니다.

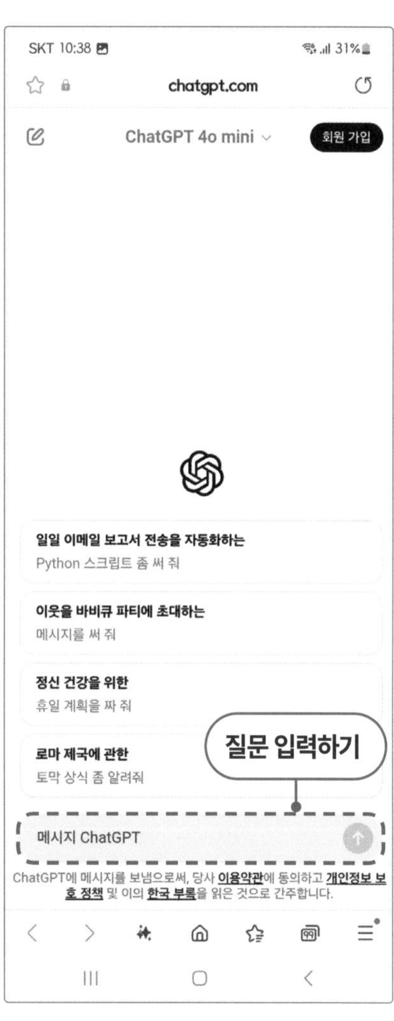

챗GPT 제대로 활용하기

1

예시로 "당뇨병에 좋은 음식을 추천해 줘"라고 입력한 뒤 [화살표] 버튼()을 눌러 전송해 봅니다.

2

챗GPT가 당뇨병 관리에 도움이 되는 식재료를 추천해 줍니다.

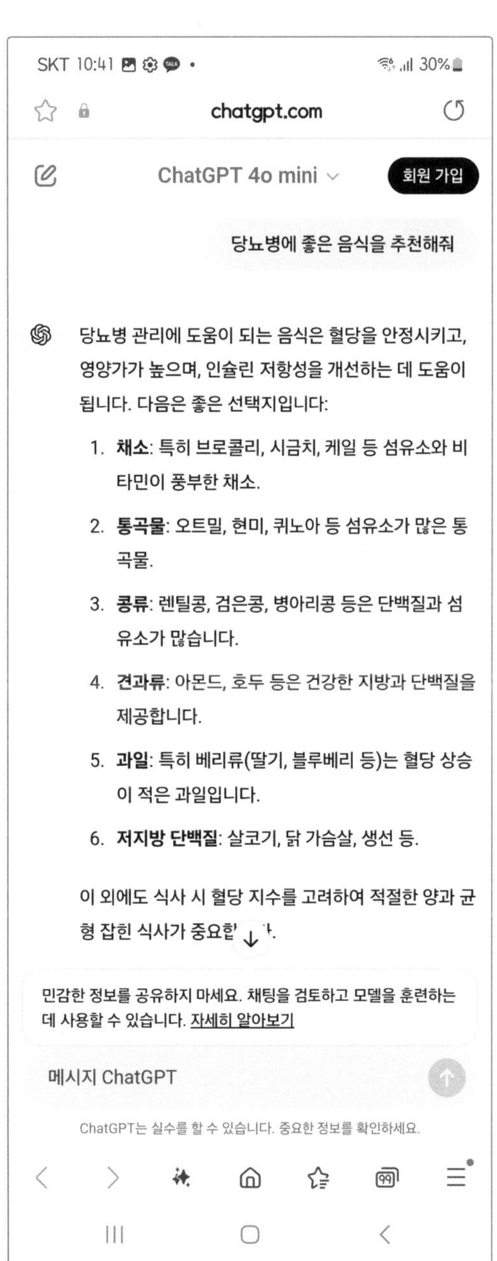

3

답변 내용을 바탕으로 추가 질문을 해 보세요. 이어지는 질문에도 사용자가 원하는 답을 내놓습니다.

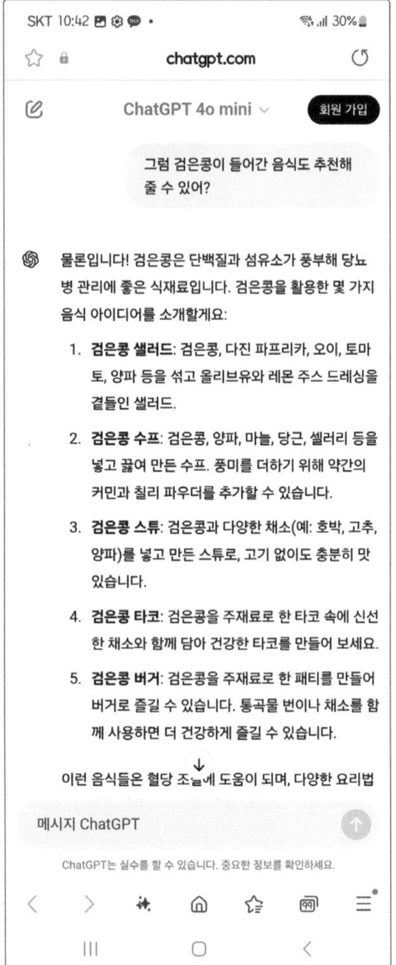

4

요리에 필요한 재료와 방법도 물어보면 척척 대답해 줍니다.

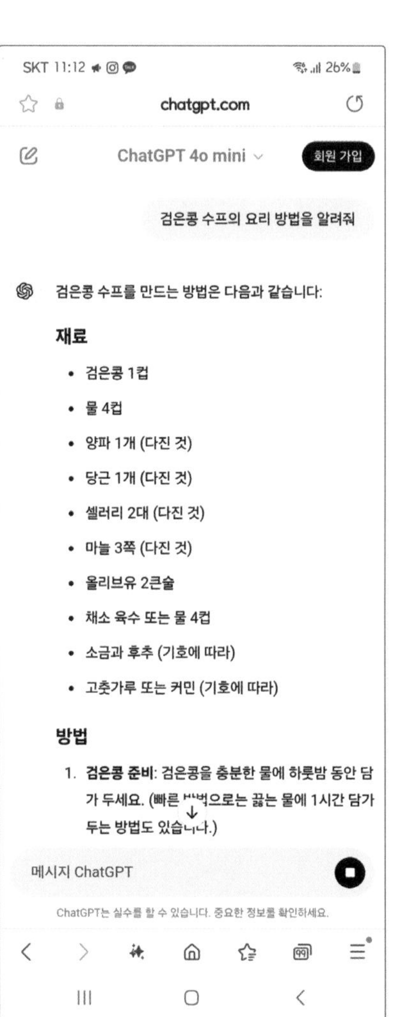

5

영어 공부를 하고 있다면 챗GPT에게 오늘 외울 영어 단어를 추천해 달라고 요청할 수 있습니다.

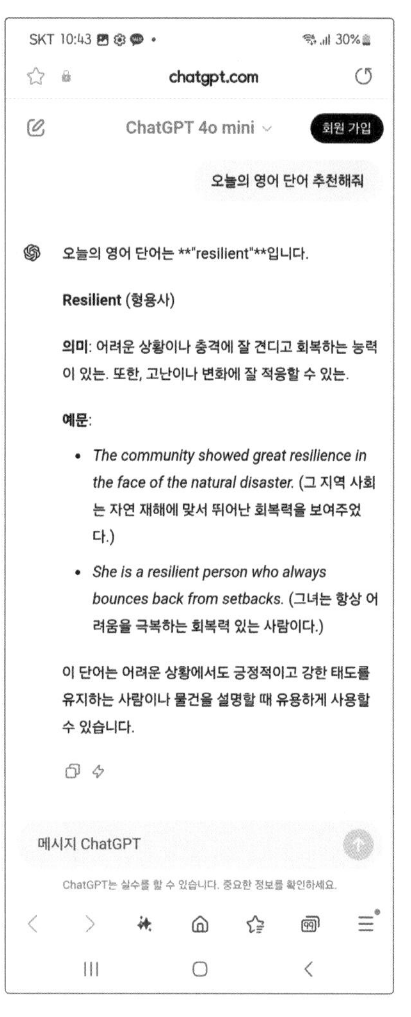

개인적인 문제에 대한 상담 또는 일상 대화가 가능합니다. 심지어 끝말잇기 게임도 진행할 수 있습니다.

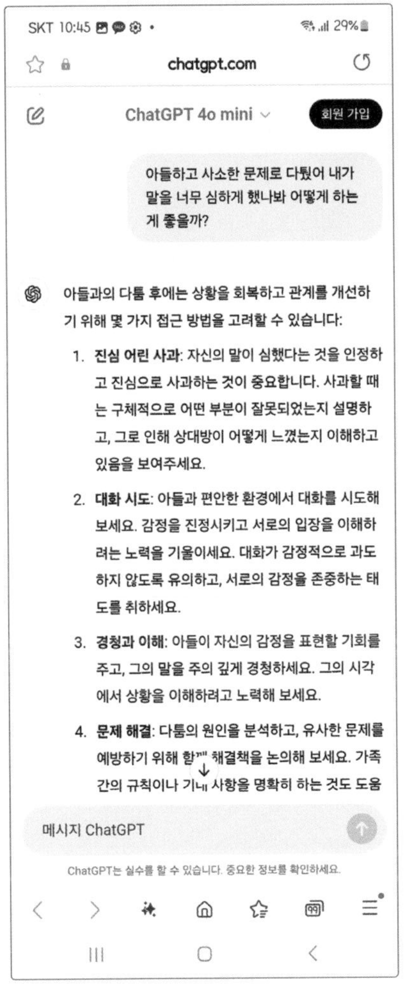

이번 섹션에서 소개해 드린 챗GPT 사용 방법을 알아 두면 언제든지 원하는 정보를 부담 없이 질문하고 필요한 답변을 쉽게 확인해 볼 수 있습니다. 알려 드린 목적 외에도 번역, 이미지 생성, 역사 정보, 인물 정보 등에 대해서 물어보고 답을 받을 수 있습니다.

다만, 챗GPT는 데이터를 학습해서 답변하는 것이기 때문에 답변하는 내용이 모두 맞는 내용은 아닙니다. 답변 내용은 참조만 하시고 정확한 진위 여부는 꼭 직접 확인해 보시길 추천드립니다.

챗GPT는 구체적이고 명확한 질문을 할수록 더 정확한 답변을 제공합니다. 따라서 관련된 정보나 문맥을 충분히 제공하거나 예시를 들어 질문하면 만족할 만한 답변을 얻을 수 있습니다.

현재 챗GPT는 매 3시간마다 50개 이상의 메시지를 보내면 추가적인 메시지 발송이 불가능해집니다. 갑자기 대화가 중단되어 불편하지 않도록 사용 한도에 주의해 주세요.

시니어를 위한
스마트폰 활용 with 챗GPT

1. 골치 아픈 공인인증서 간편하게 발급받기

2. 카카오페이로 공인인증서 없이 은행 업무 보기(간편 송금)

3. 공과금, 관리비 간편하게 납부하기

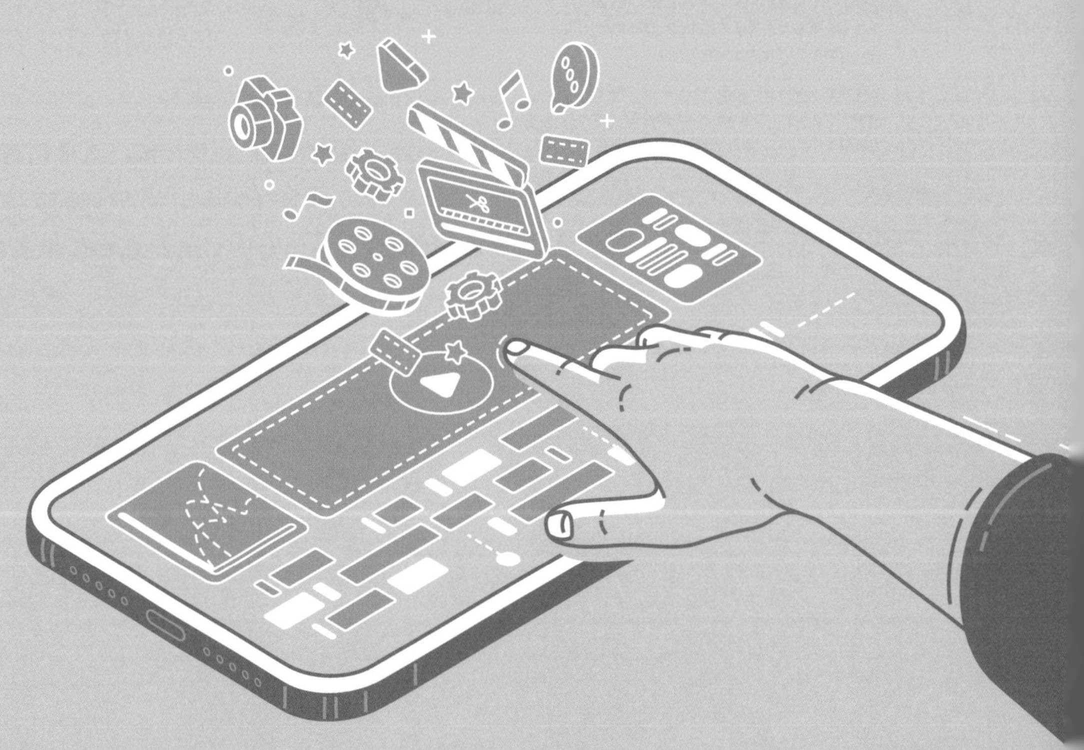

5장

복잡한 디지털 금융 완전 정복하기

디지털 금융 앱 활용하기

5-1 골치 아픈 공인인증서 간편하게 발급받기

이럴 때 사용해요

"은행 앱에서 대출을 신청하려고 하는데 공인인증서가 있어야 한다네요. 어떻게 발급받아야 하는지 한참 찾았는데도 방법을 모르겠어요. 오늘까지 신청해야 하는데 큰일이네요. 뭐가 이렇게 복잡한지…."

이번 섹션에서는 골치 아픈 공인인증서를 간편하게 발급받는 방법에 대해서 알아보도록 하겠습니다. 공인인증서는 금융기관, 보험, 증권사, 정부 서비스 등을 이용할 때 꼭 필요한 인증 수단입니다.

공인인증서 발급 방법

❶

홈 화면에서 사용하는 '은행 앱'을 실행해 줍니다. (예시 : 농협)

❷

오른쪽 상단의 ☰ 버튼을 누릅니다.

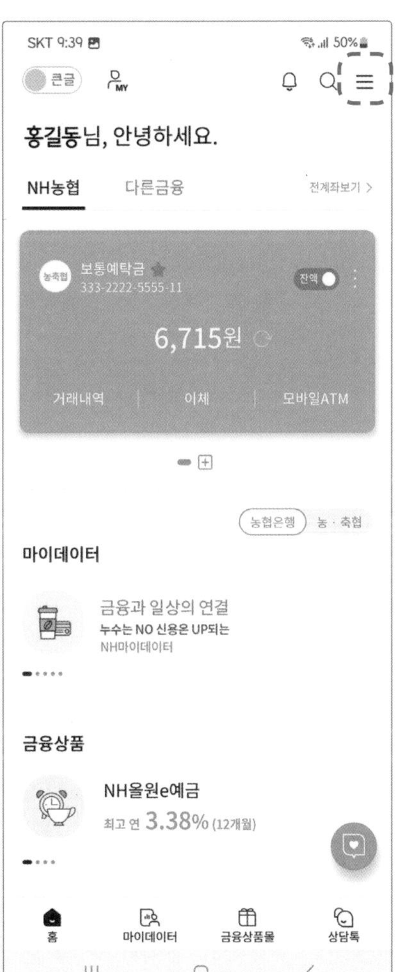

❸

다음 화면에서 [인증/보안]을 누릅니다.

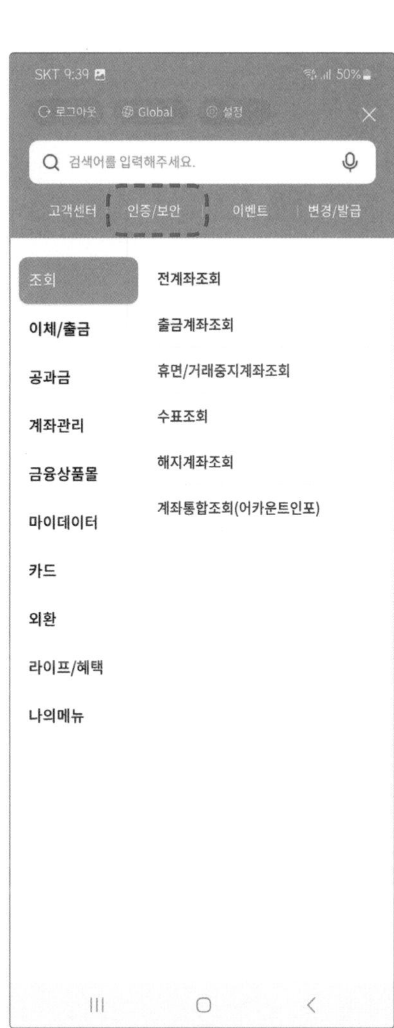

4

목록에서 [공동인증서(구 공인인증서)] – [인증서 발급/재발급]을 선택합니다.

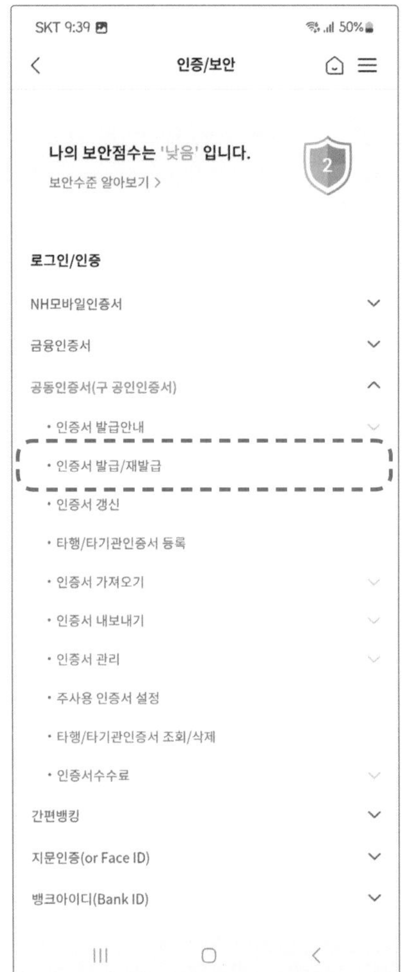

5

본인 확인을 위해 아이디와 주민번호를 입력합니다. '은행/보험용 공동인증서(무료)'를 선택하고 [확인]을 누릅니다.

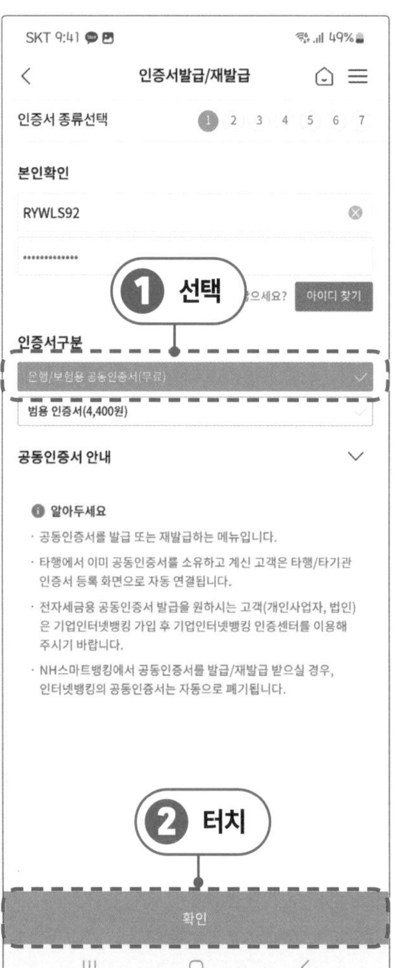

6

모든 약관을 확인하고 [동의] 버튼을 누릅니다.

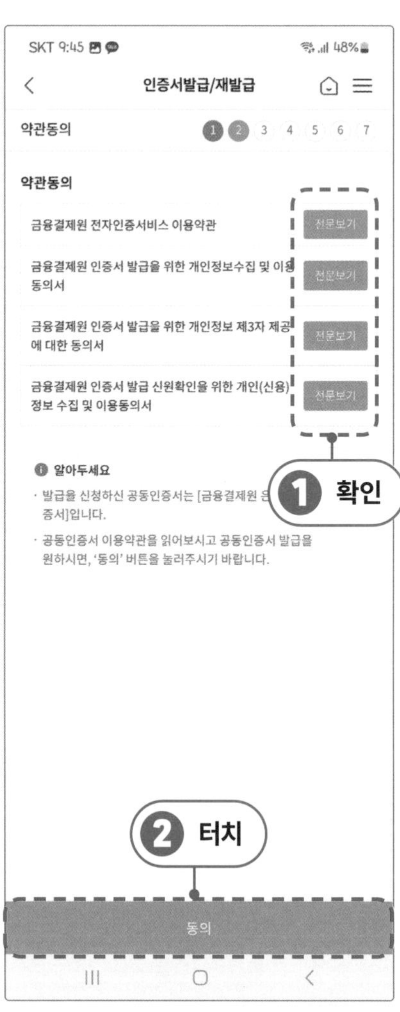

7

해당 은행의 출금계좌와 비밀번호를 입력합니다. [계좌검증] 버튼을 누른 후 [확인]을 누릅니다.

[인증번호 요청]을 누르고 휴대폰 번호로 수신된 인증번호를 입력한 후 [확인]을 누릅니다.

이제 '보안카드'를 보면서 요청된 보안카드 번호를 알맞게 입력해 줍니다. 그리고 [확인]을 누릅니다.

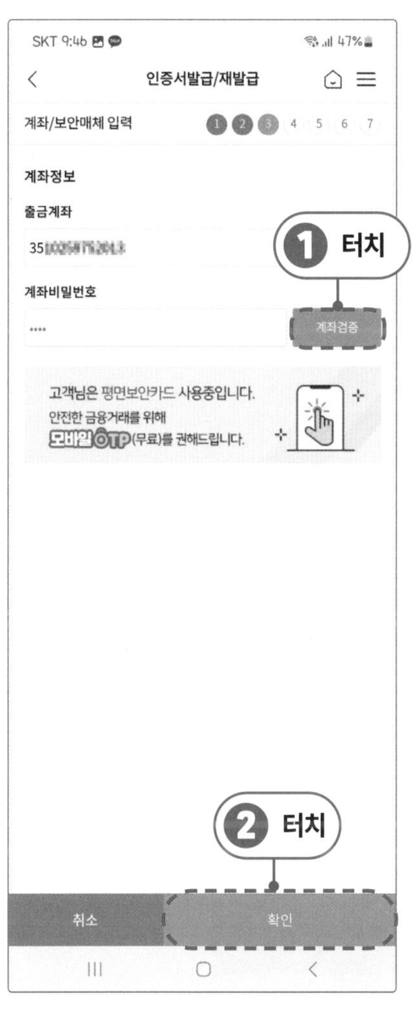

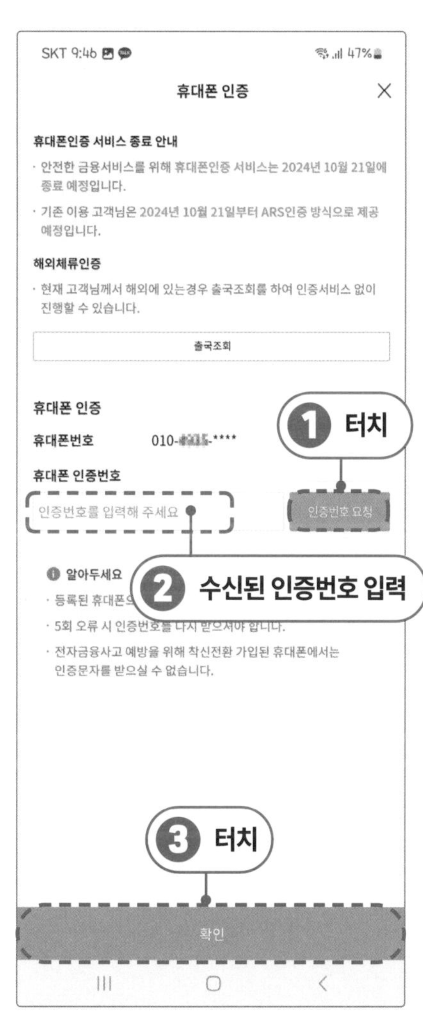

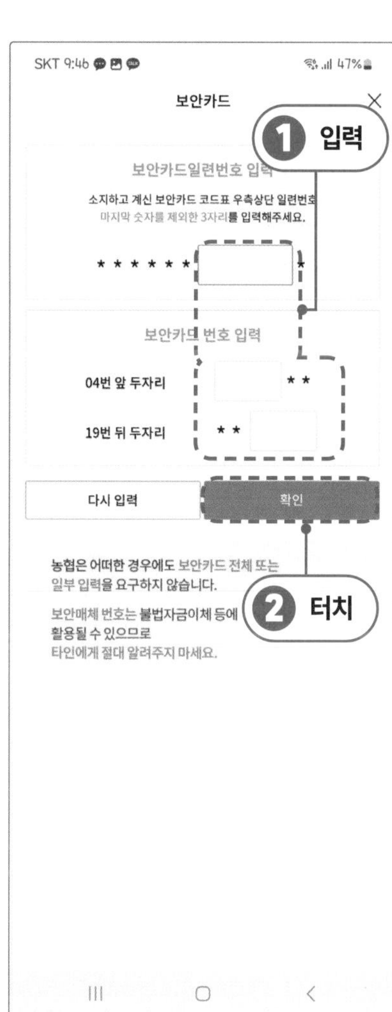

10

'고객정보'를 확인합니다. 틀린 부분이 있다면 수정해 주어야 합니다. 수정이 끝났다면 [확인]을 누릅니다.

공인인증서 발급 확인 화면에서 다시 한번 [확인] 버튼을 누르고 인증에 사용할 비밀번호를 설정합니다.

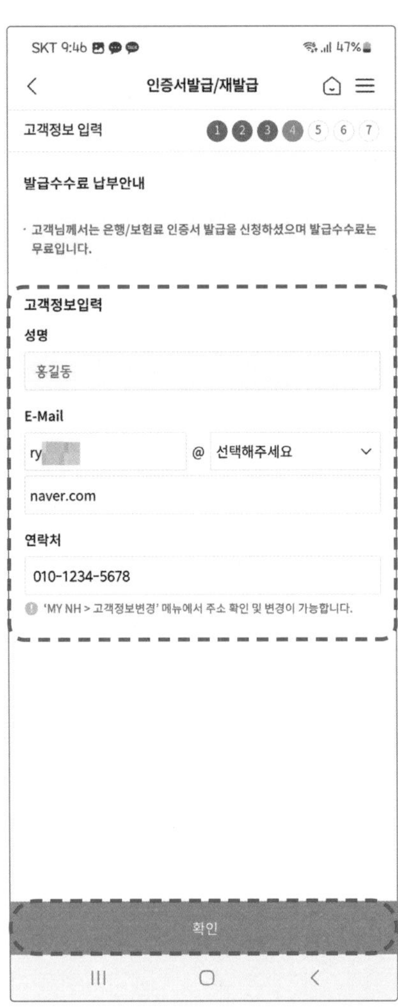

은행/보험용 공인인증서가 정상적으로 발급된 것을 확인합니다.

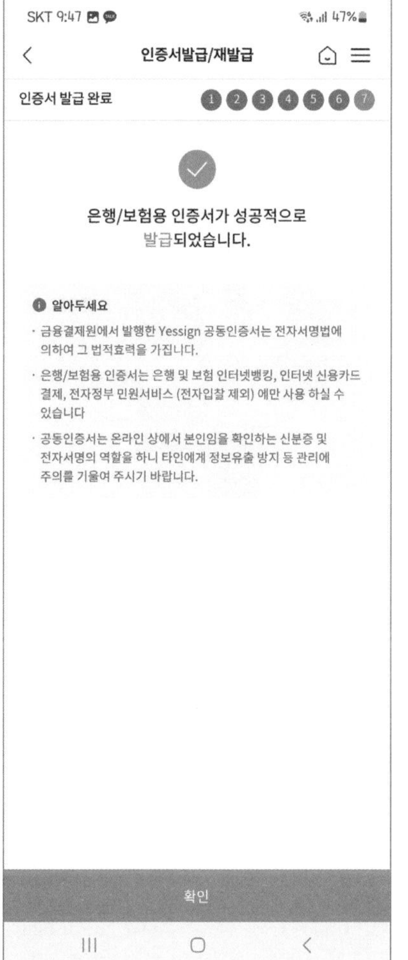

이번 섹션에서 알려 드린 공인인증서 발급 방법을 참고해 주로 사용하시는 은행 앱의 인증/보안 센터에서 공인인증서를 발급받을 수 있습니다. [농협] 앱을 기준으로 설명했지만 다른 은행 앱들 역시 비슷한 순서로 진행이 가능합니다.

공인인증서를 발급받기 위해서는 미리 회원가입을 해두시고 은행에서 받은 보안카드를 준비해 주셔야 합니다.

현재 각 은행의 모바일 뱅킹에서는 좀 더 간편한 '모바일 인증서'를 발급받을 수 있습니다. 공인인증서보다 발급이 쉽고 이를 활용해 로그인, 전자 서명, 간편 송금을 이용할 수 있습니다.

이 밖에도 카카오톡, 네이버, 토스 등에서 발급할 수 있는 '간편 인증서'가 있습니다. 불편한 공인인증서 대신 '본인 확인', '간편 인증', '전자 서명'에 이용할 수 있는 보다 간편한 인증 수단입니다.

5-2 카카오페이로 공인인증서 없이 은행 업무 보기(간편 송금)

이럴 때 사용해요

"친구에게 돈을 보내줘야 하는데 주변에 ATM도 없고 은행 앱은 공인인증서나 보안 카드가 필요해서 너무 복잡해요. 공인인증서 없이 쉽게 돈을 이체할 수 있었으면 좋겠어요."

이번 섹션에서는 [카카오페이]로 공인인증서 없이 돈을 송금하는 방법에 대해서 알아보도록 하겠습니다. 은행에 직접 방문하거나 복잡한 은행 앱을 사용하지 않아도 간편 송금이 가능합니다.

카카오페이 간편 송금 이용하기

1

[카카오톡] 앱을 실행한 다음 '더보기'로 들어가 [송금] 버튼을 누릅니다.

화면 하단 [계좌번호 입력]을 선택합니다.

송금하려는 "계좌번호"를 입력합니다.

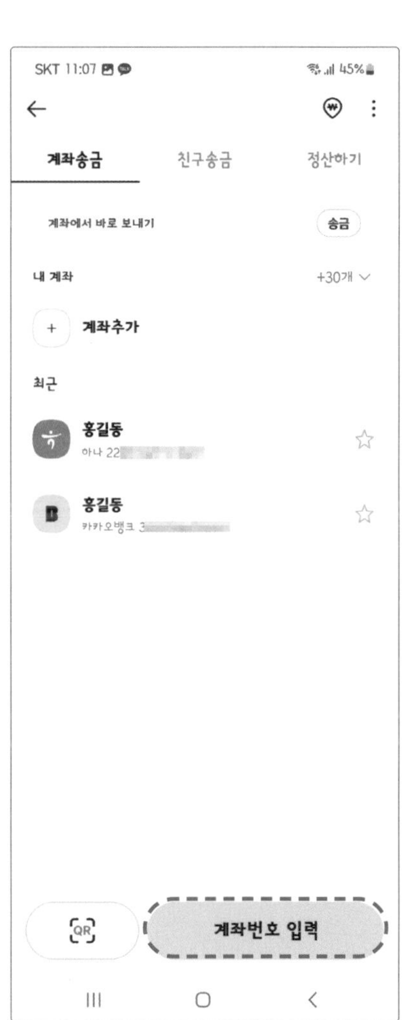

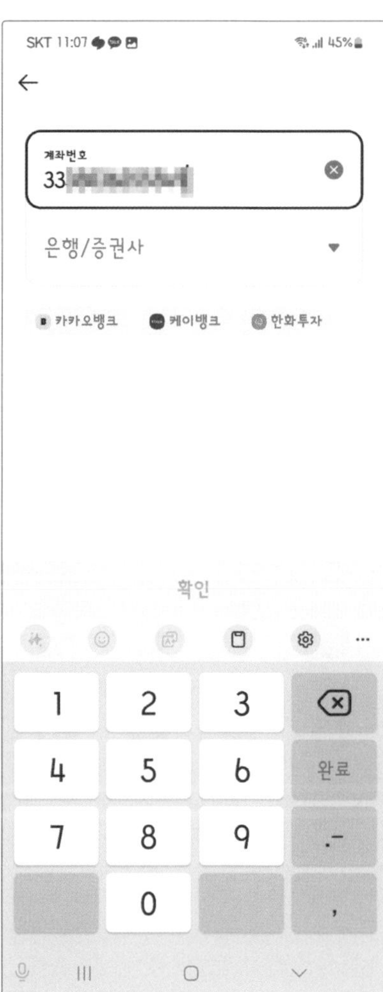

4

이어서 받는 사람의 '은행'을 선택해 줍니다.

계좌번호, 은행을 확인한 뒤 [확인] 버튼을 누릅니다.

송금하려는 금액을 입력한 다음 [확인] 버튼을 누릅니다.

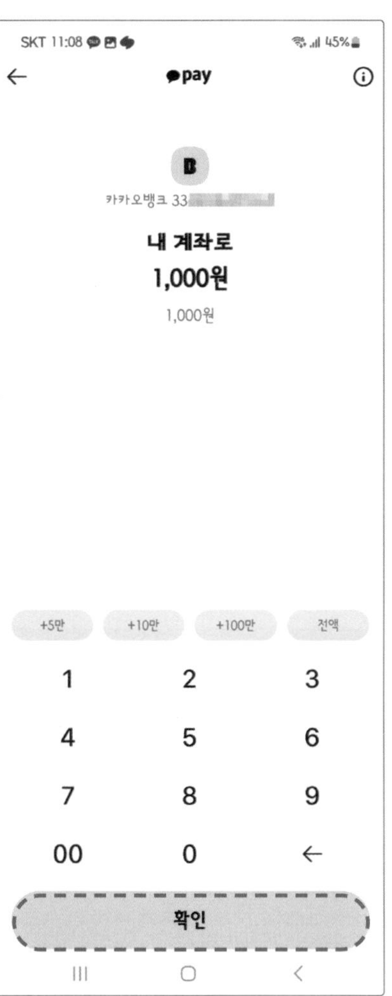

다음 화면에서 계좌번호와 금액을 최종 확인하고 [보내기]를 누릅니다.

잠시 뒤 송금이 완료됩니다.

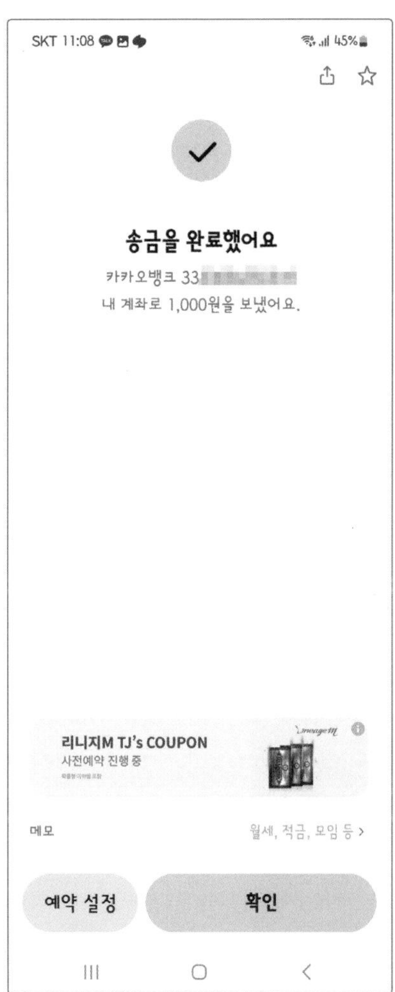

카카오톡 프로필 송금 버튼

1

돈을 보내려는 상대가 카톡 친구라면 프로필로 들어가 상단에 있는 [송금(₩)] 버튼으로 간편 송금이 가능합니다.

보낼 금액을 입력합니다.

입력한 금액을 확인하고 화면 아래 [확인] 버튼을 누릅니다.

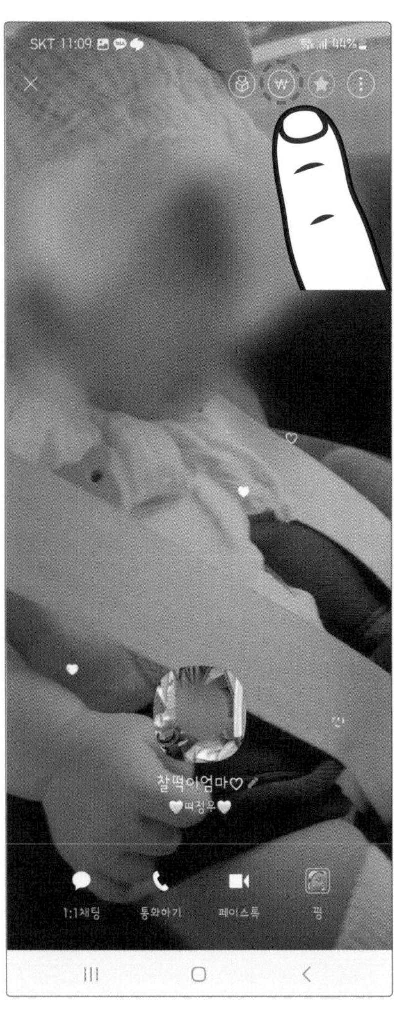

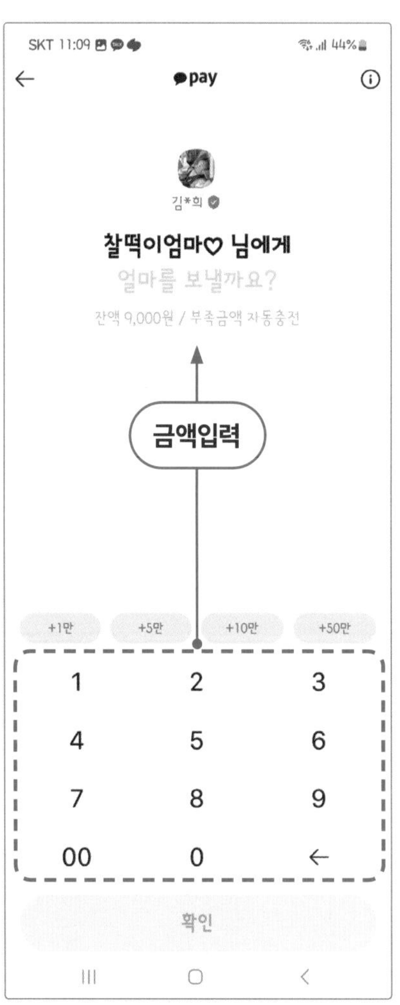

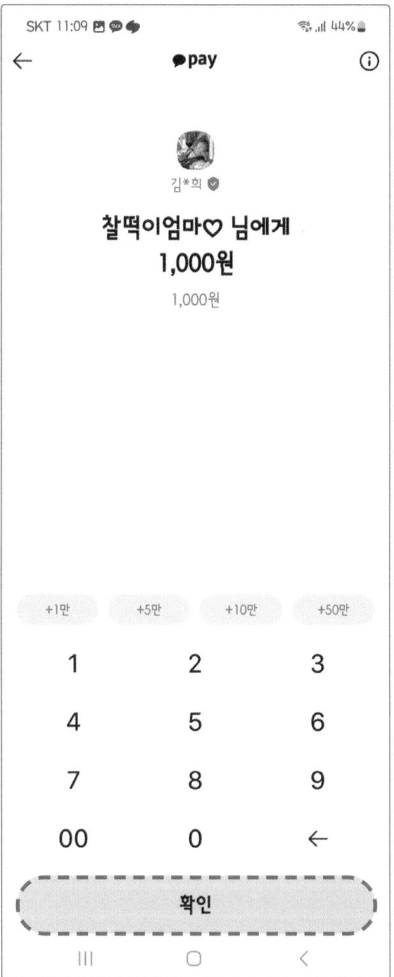

이제 [보내기] 버튼을 누르면 상대방의 카카오페이 지갑으로 입력한 금액이 이체됩니다.

이번 섹션에서 알려 드린 카카오페이 간편 송금 기능을 사용하면 더 이상 은행이나 ATM을 찾지 않아도, 심지어 공인인증서가 없어도 쉽고 간편하게 송금할 수 있습니다. 또한 카카오톡에서도 바로 돈을 이체해 줄 수 있습니다.

다만, 최초 서비스 이용 시 카카오페이 서비스(무료)에 가입하고 은행계좌를 등록해야 합니다. 등록된 후에는 은행계좌에서 카카오페이로 원하는 금액만큼 충전해서 사용할 수 있습니다.

카카오페이 송금 기능의 특징 중 하나는 송금 취소가 가능하다는 점입니다. 카카오페이 화면에서 송금 내역으로 들어가 [송금 취소]를 진행할 수 있습니다.

단, 상대의 카카오페이로 보낸 송금의 경우에만 취소할 수 있습니다. 은행계좌로 직접 이체한 송금은 취소가 불가능합니다. 그리고 상대가 [송금 받기]를 누른 뒤에도 취소가 어렵습니다.

5-3 공과금, 관리비 간편하게 납부하기

이럴 때 사용해요

"휴대폰 요금, 수도세, 도시가스, 아파트 관리비 등등 내야 하는 공과금, 관리비가 왜 이렇게 많은지 모르겠어요. 가끔은 이걸 냈는지 안 냈는지도 모르겠더라고요. 한 번에 청구서를 확인하고 납부할 수 있으면 좋겠네요."

이번 섹션에서는 휴대폰 요금, 아파트 관리비 같은 공과금 및 관리비를 간편하게 납부하는 방법에 대해서 알아보도록 하겠습니다. [카카오페이]를 이용하면 청구서를 쉽게 확인하고 납부도 편리하게 할 수 있습니다.

카카오페이로 공과금 납부하기

1 홈 화면에서 [카카오톡] 앱을 실행해 줍니다.

2 '더보기'로 들어간 다음  버튼을 선택합니다.

3 화면 상단에서 [전체]를 선택합니다.

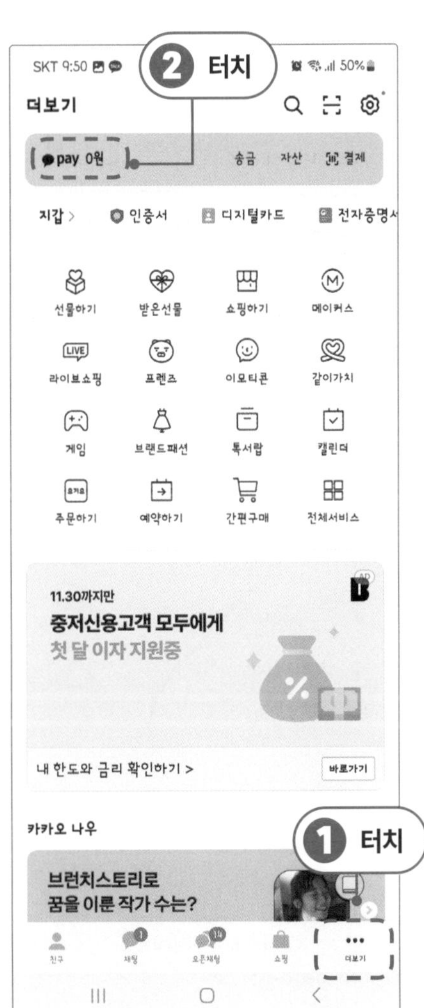

4

[소비] 목록에서 [청구서] 항목을 선택합니다.

5

여러 공과금 및 관리비 항목이 보입니다. 이 중 납부하려는 항목을 선택합니다. 휴대폰 요금을 내려면 [통신요금]을 누릅니다.

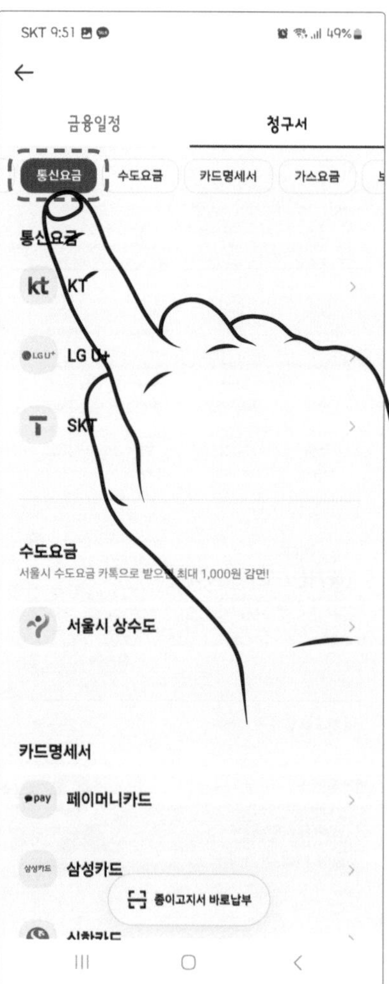

6

내가 이용 중인 통신사를 선택하고 [바로납부] 버튼을 누릅니다.

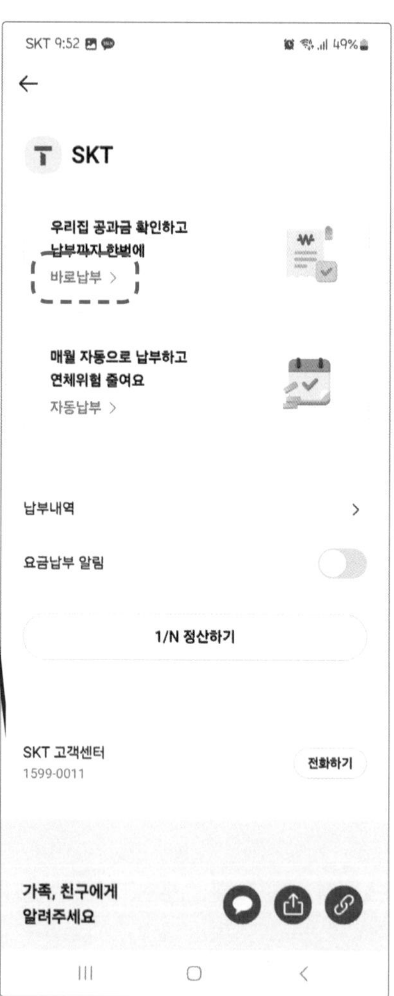

7

이번 달 통신 요금을 확인하고 [납부하기] 버튼을 누릅니다.

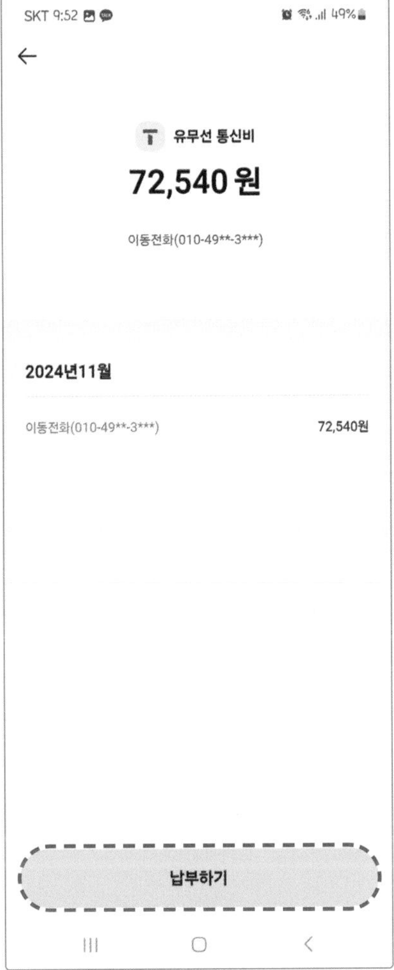

8

다음 화면에서 [결제하기]를 누르면 연결된 계좌를 통해 카카오페이 머니가 충전되고 납부가 완료됩니다.

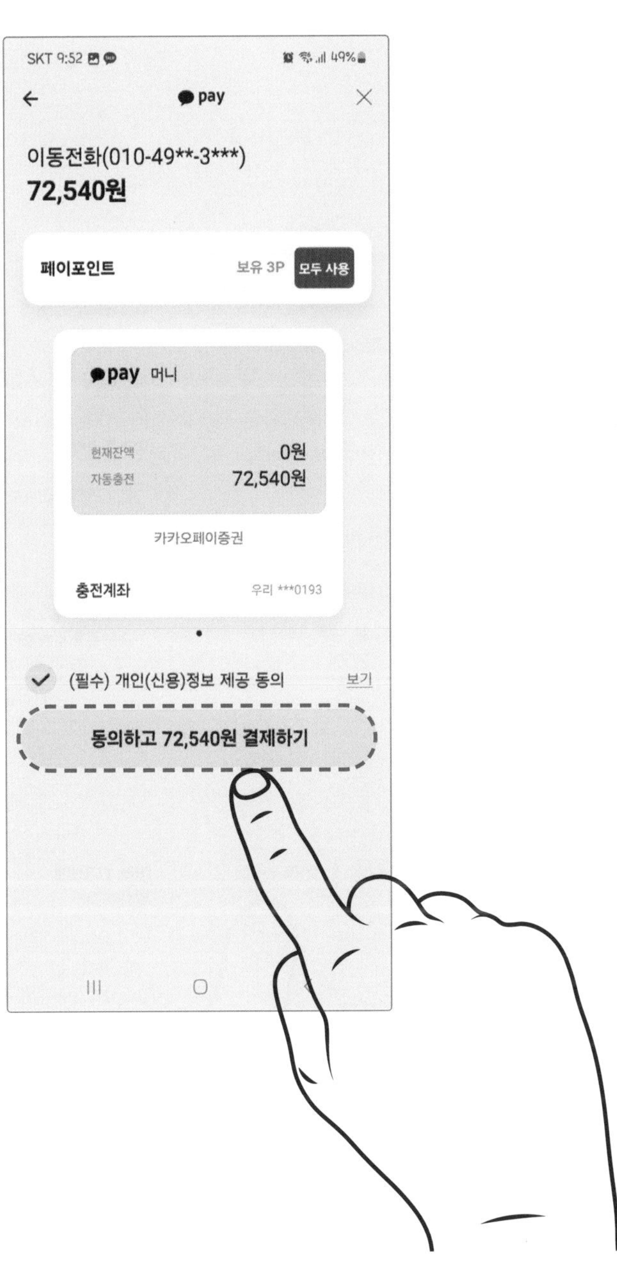

아파트 관리비 계좌이체하기

1

다시 청구서 화면으로 돌아와 이용 가능한 서비스에서 [아파트 관리비]를 누릅니다.

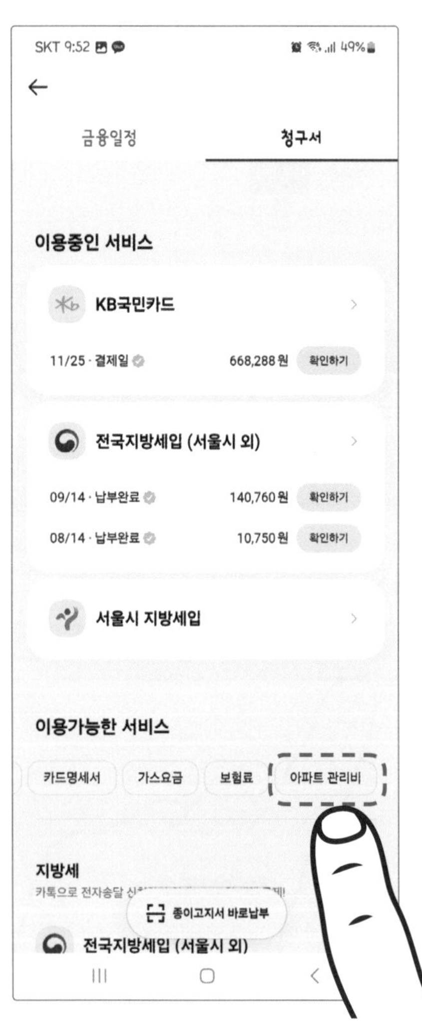

2

목록에서 [아파트 관리비 계좌송금]을 선택합니다.

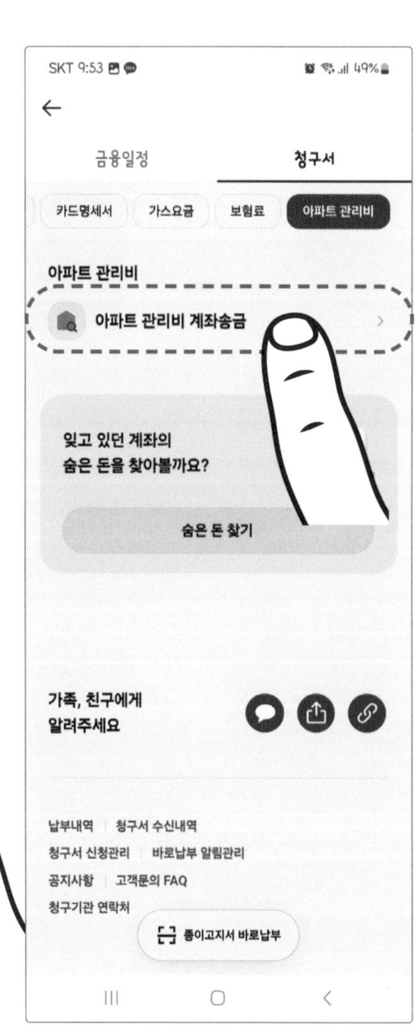

3

[계좌번호 입력]을 누릅니다.

4

관리비 고지서에 나와 있는 계좌번호를 입력하고 은행을 선택합니다. 그런 다음 **[확인]** 버튼을 눌러 이체를 완료합니다.

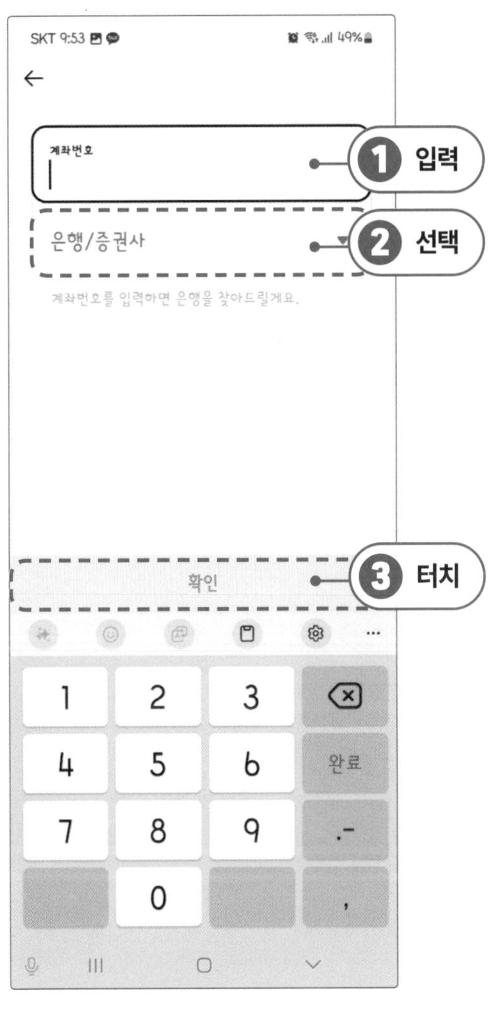

이번 섹션에서는 카카오페이를 통해 공과금 및 관리비를 납부하는 방법에 대해서 알아봤습니다. 카카오페이를 통해서 흩어져 있는 공과금, 관리비를 간단하게 납부할 수 있습니다. 다만, 징수하는 지자체나 회사의 사정에 따라서 납부가 불가능한 경우가 발생할 수 있다는 점을 참고해 주세요.

재산세, 주민세 등의 지방세도 카카오페이로 납부가 가능합니다. 보통은 지로 납부 또는 위택스 홈페이지나 앱을 이용해야 하지만, 카카오페이에서도 청구서를 확인하고 납부할 수 있습니다.

통신비, 도시가스, 건강보험, 아파트 관리비 등은 현재 사용하고 있는 신용카드의 카드사 앱을 통해서 '자동이체' 등록도 가능합니다.

카드사 앱에서 '자동이체'를 검색하면 자동이체 기능을 사용할 수 있으며, 매달 따로 신경 쓰지 않아도 자동으로 결제가 이루어지기 때문에 훨씬 편리합니다.

시니어를 위한

스마트폰 활용 with 챗GPT

1. 주문할 때 당황하지 않고 키오스크 사용하기

2. 혼자서 은행 업무 뚝딱! 은행 ATM 사용해 보기

3. 번거로운 실물카드는 그만! 삼성페이로 결제하기

4. 최근 늘어나는 무인점포 셀프로 이용해 보기

6장

그 밖에 디지털 기기 다뤄보기

디지털 기기 활용하기

6-1 주문할 때 당황하지 않고 키오스크 사용하기

이럴 때 사용해요

"요즘에는 어딜가나 키오스크로 주문을 해야 하더라고요. 키오스크 사용이 헷갈려서 하나 주문하려면 시간이 오래 걸리는 데 기다리는 뒷사람 눈치가 보여 주문을 못하고 나오는 날도 있었어요. 직원에게 도움을 요청하려고 했는데 너무 바빠 보여서 그것도 안되겠더라고요."

이번 섹션에서는 주문할 때 당황하지 않고 키오스크를 사용하는 방법에 대해서 알아보도록 하겠습니다. 키오스크 사용법을 미리 연습하면 실제 키오스크 매장 이용 시 쉽게 주문할 수 있습니다.

키오스크 사용 연습하기

1. 검색 포털 앱을 이용해 "비그플"을 검색해 줍니다. 검색 결과 화면에서 '키오스크 체험'을 선택합니다.

2. 은행(농협), 고속버스 예매(유스퀘어), 카페(메가커피), 식당(맥도날드) 중 한 가지를 선택해 연습할 수 있습니다.

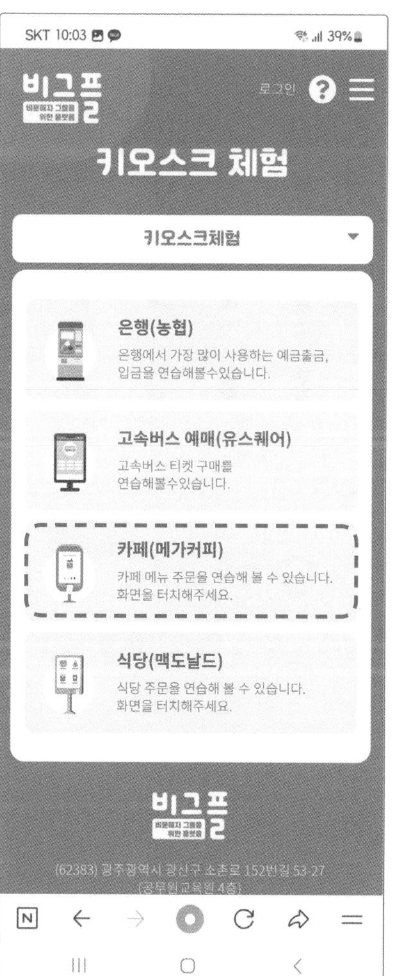

3. '메가커피'로 연습해 보겠습니다. [먹고가기] 또는 [포장하기] 중 원하는 주문 방식을 선택합니다.

4

메뉴 화면에서 주문하려는 메뉴를 선택합니다.

5

선택한 메뉴는 화면 아래에서 확인할 수 있습니다. 금액을 확인하고 [결제하기]를 눌러 결제 단계로 넘어갈 수 있습니다.

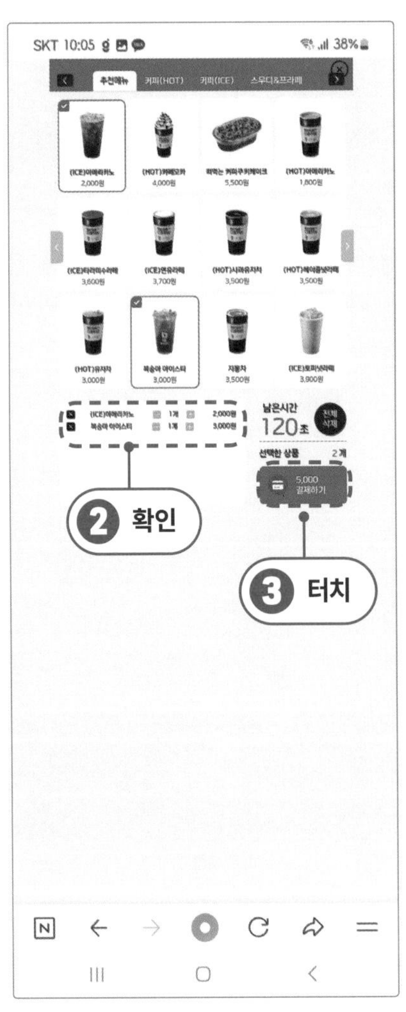

6

이미 선택한 메뉴는 ☒를 눌러 삭제할 수 있으며, [전체 삭제]를 누르면 모든 메뉴를 초기화할 수 있습니다. 수량의 경우 ⊞, ⊟로 변경합니다.

7

결제 단계로 넘어가면 주문 세부 내역을 확인할 수 있습니다. [카드 결제]를 눌러 결제를 진행할 수 있습니다. 쿠폰을 사용하려면 [쿠폰 사용]을 누릅니다.

포인트 적립이 필요하다면 [예]를, 아니라면 [아니오]를 누릅니다.

적립이 필요하다면 메가커피 스탬프(포인트) 적립을 위해 휴대폰 번호를 입력하고 [스탬프 적립] 버튼을 누릅니다.

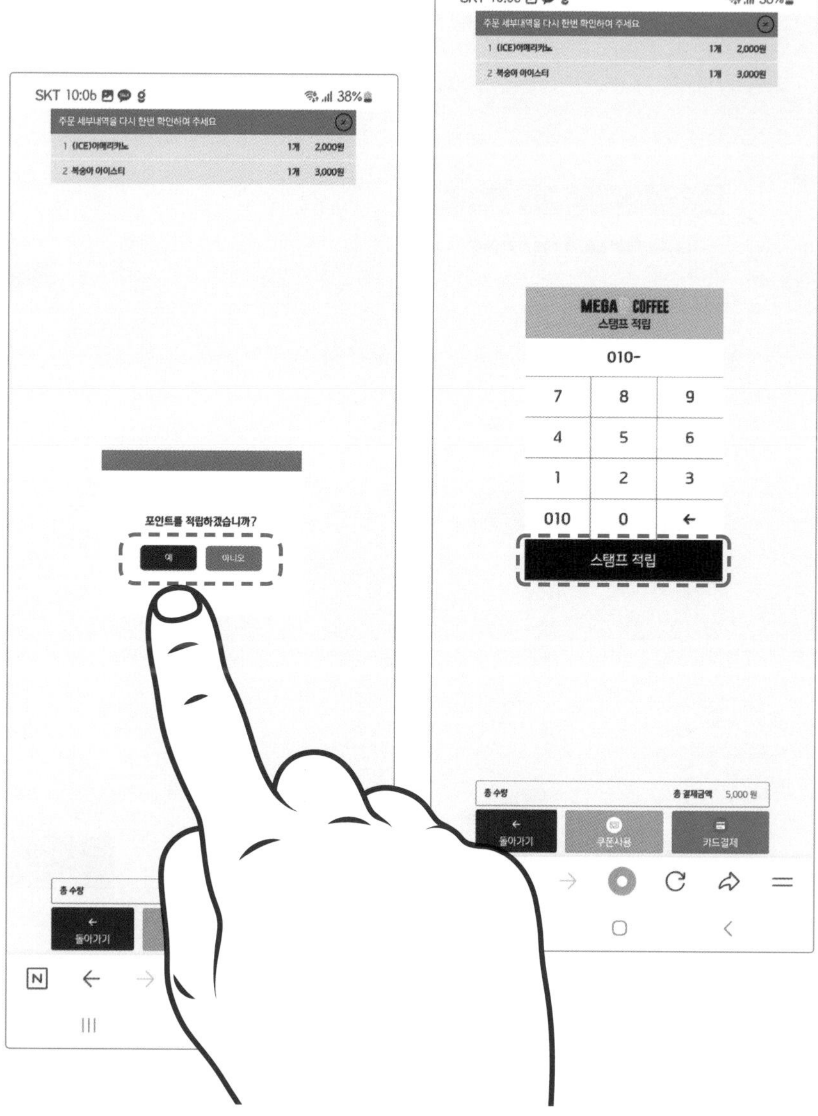

10

그 후 **[카드 결제]** 버튼을 누르고 투입구에 카드를 넣어 결제를 진행합니다.

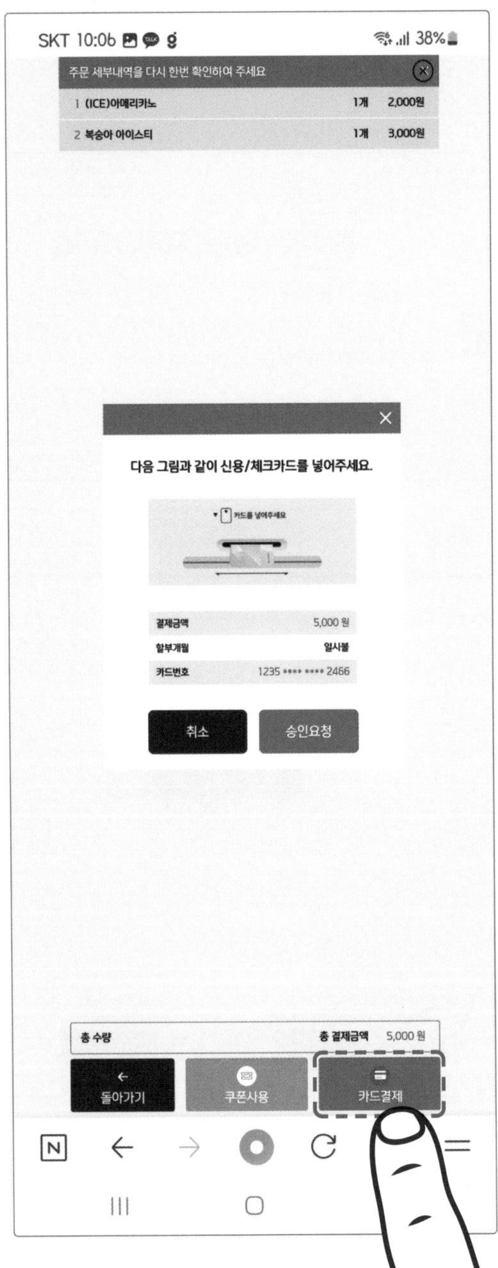

11

결제 완료 후 영수증이 필요하다면 **[출력]**을, 아니라면 **[미출력]**을 누릅니다.

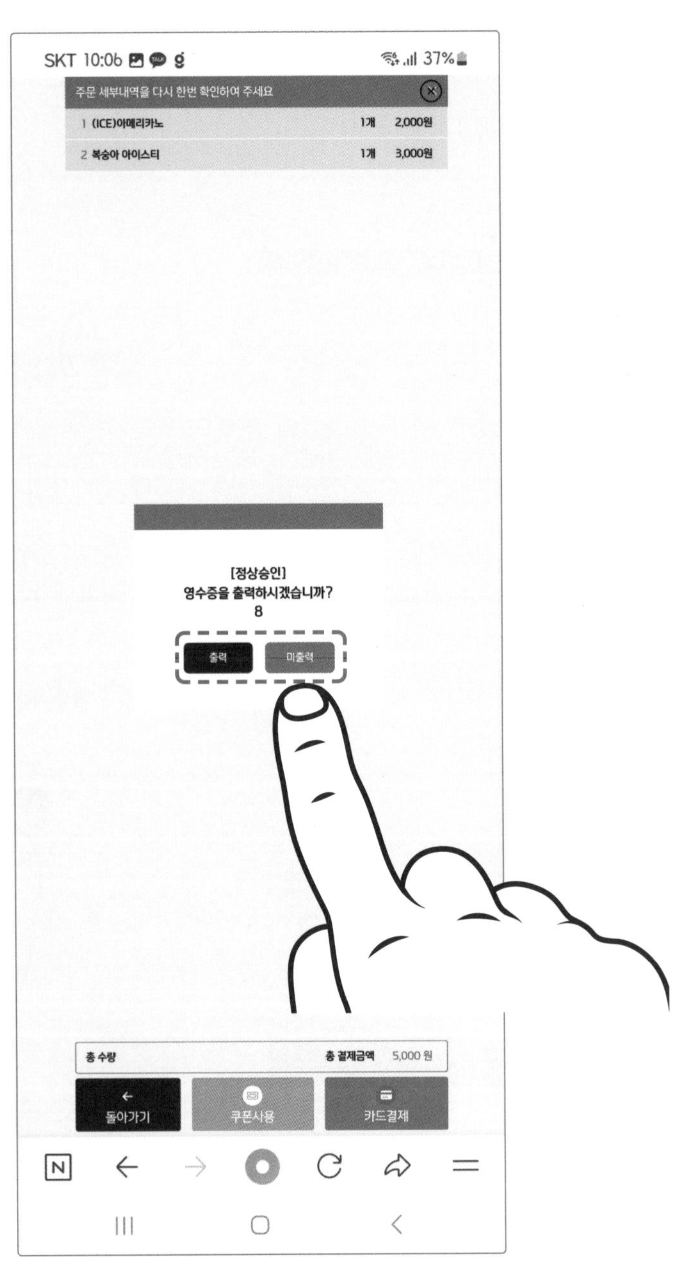

마지막 화면에서 **'주문번호'**를 확인하고 대기합니다. 주문번호가 호출되면 메뉴를 수령하시면 됩니다.

이번 섹션에서 알려 드린 키오스크 연습 앱을 통해 실생활에서 자주 사용하게 되는 키오스크 사용법을 미리 연습해 볼 수 있습니다. 메가커피 이외에도 은행, 고속버스, 식당 키오스크 사용도 미리 체험할 수 있습니다.

장소마다 키오스크가 모두 달라 보이지만 반복적인 연습으로 일단 사용 자체에 익숙해진다면 어떤 타입의 키오스크도 능숙하게 사용할 수 있으며, 실제 상황에서 빠르게 주문을 완료할 수 있습니다.

키오스크 사용법을 연습할 수 있는 서비스는 다양합니다. 본문에서 알려 드린 **'비그플'** 외에도 키오스앱 등이 있습니다.

해당 서비스들 역시 관공서, 은행, 식당, 공항, 주차 정산기, 영화 티켓 발권기 등 다양한 장소의 키오스크 연습 기능을 제공합니다.

6-2 혼자서 은행 업무 뚝딱! 은행 ATM 사용해 보기

이럴 때 사용해요

"아들에게 돈을 보내주기로 해서 은행에 방문했어요. 그런데 시간이 늦어 은행이 문을 닫았더라고요. 그래서 어쩔 수 없이 ATM을 사용해서 돈을 이체해 주기로 했는데 사용할 때마다 헷갈려요."

이번 섹션에서는 은행 ATM을 사용해 돈을 이체하는 방법에 대해 알아보도록 하겠습니다. 은행 ATM을 이용하면 은행 영업시간이 아니어도 돈을 이체하거나 인출하는 등 편리하게 은행 업무를 볼 수 있습니다.

은행 ATM 위치 확인하기

❶ [네이버 지도] 앱을 다운로드 받아 실행해 줍니다. 검색 창에서 "ATM"을 입력하고 [검색] 버튼(🔍)을 누릅니다.

❷ 지도에서 근처에 있는 ATM의 위치가 모두 표시됩니다.

❸ 방문을 원하는 ATM을 클릭해 주시면 영업 시간, 거리, 주소 등의 상세 정보가 나오므로, 확인 후 방문하시면 됩니다.

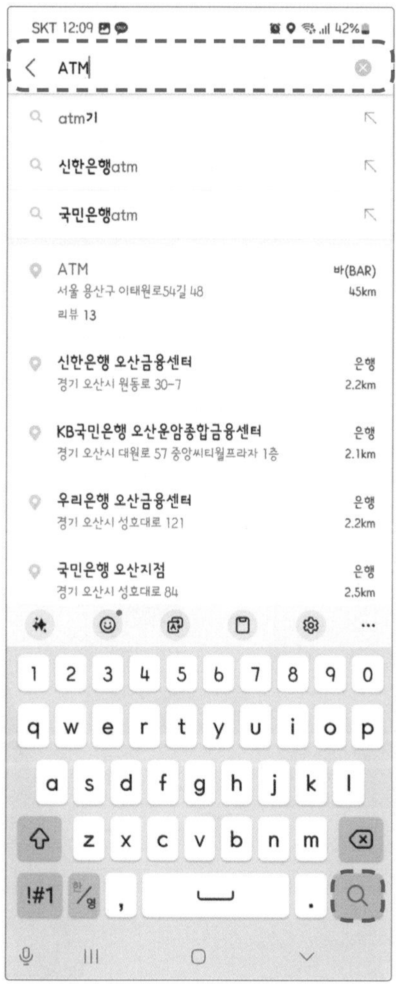

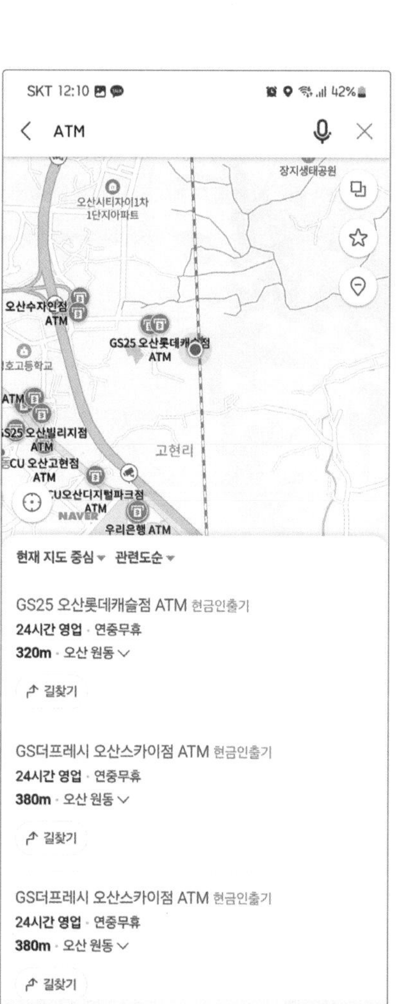

은행 ATM으로 이체하기

1 ATM 앞으로 이동합니다.

2 화면에서 [계좌이체]를 누릅니다.

3 보이스피싱 주의 안내 화면에서 [아니오] 버튼을 누릅니다.

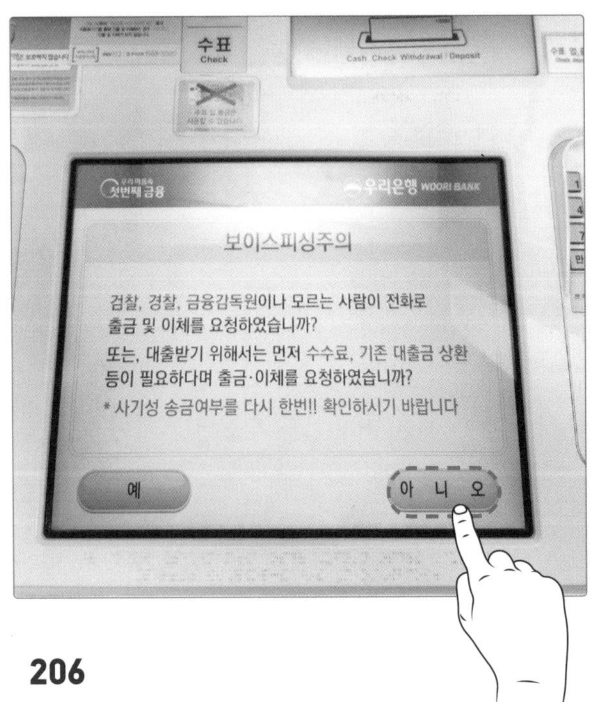

4 카드 투입구에 카드를 넣어 줍니다. 통장을 이용하는 경우에는 통장 투입구에 통장을 넣어 주세요.

5 불법 카드 복제와 관련된 유의사항이 나오는데 문제가 없다면 화면에서 [거래 계속]을 누릅니다.

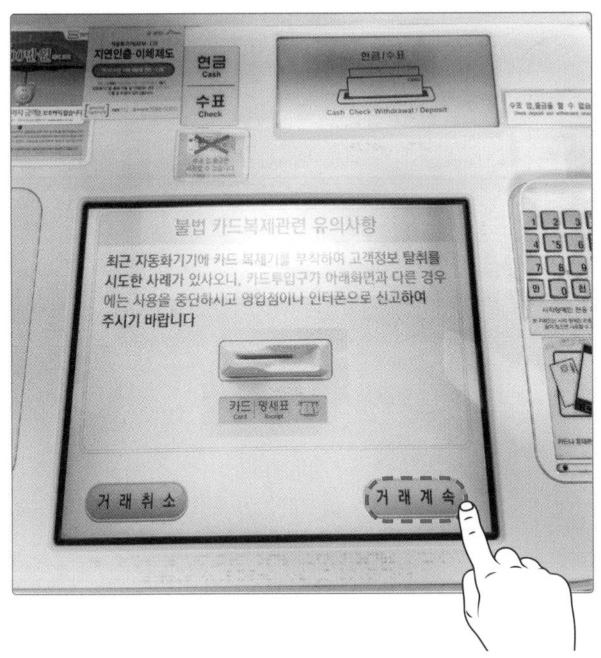

6 카드의 비밀번호 4자리를 누릅니다.

7 이체하려는 계좌의 은행을 선택해 줍니다.

*해당 은행이 없을 때에는 [기타 은행] 선택

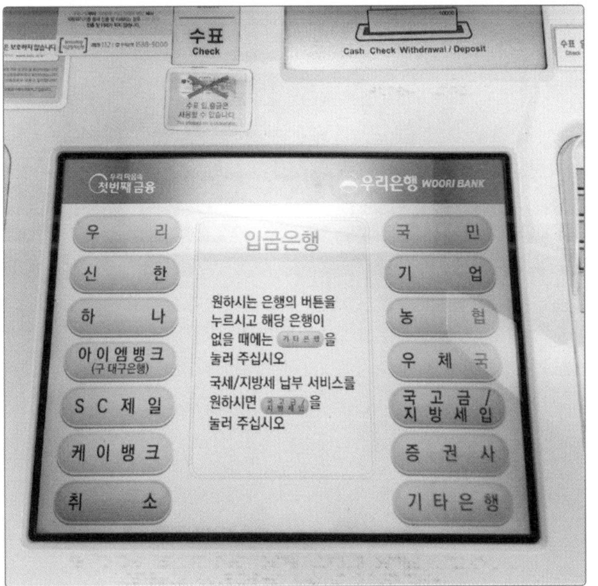

8 돈을 보낼 계좌번호를 입력하고 [계좌] 버튼을 누릅니다.

9 보낼 금액을 숫자로 입력하고 [원]을 눌러 줍니다.

10 이체하려는 은행, 계좌번호, 예금주, 금액을 다시 한번 확인하고 [확인] 버튼을 누르면 이체가 이루어집니다.

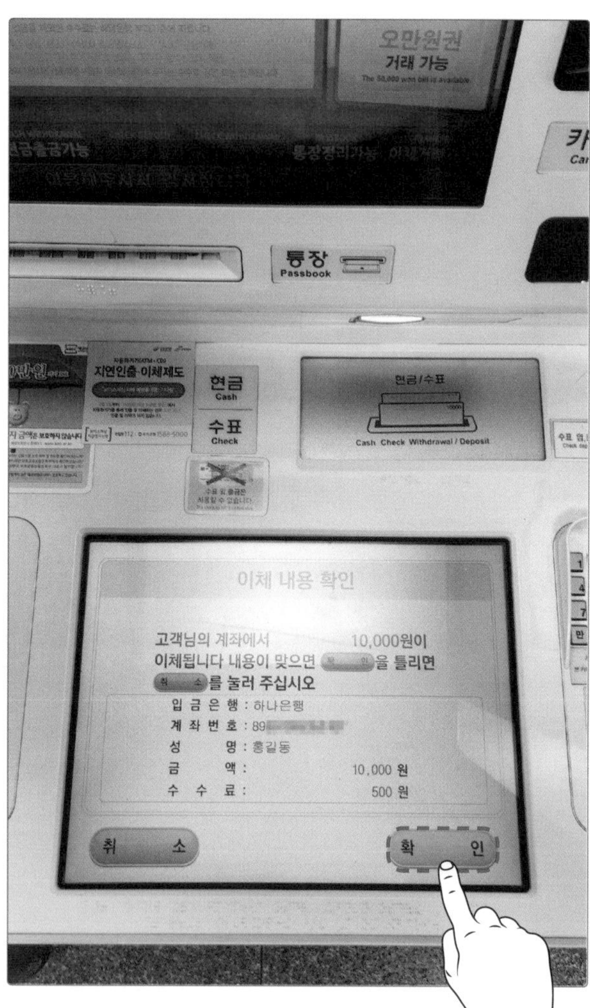

은행 ATM으로 출금하기

1 첫 화면에서 [예금 출금]을 선택하고 이체와 동일한 초기 단계를 진행합니다. 그리고 출금할 금액을 선택합니다.

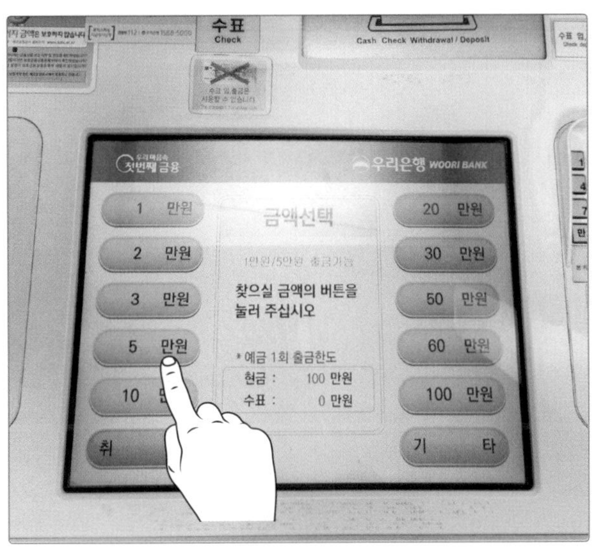

2 '금액 확인' 단계에서 출금할 금액과 수수료를 마지막으로 확인하고 [확인]을 누르면 출금이 진행됩니다.

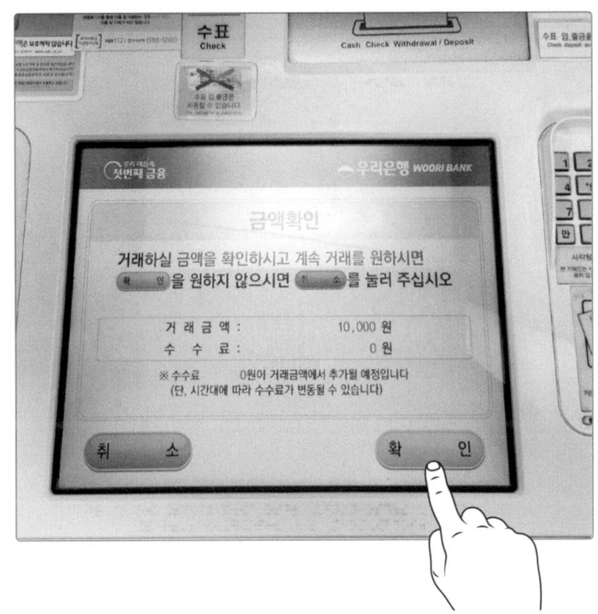

이번 섹션에서 알려 드린 은행 ATM을 사용하는 방법을 통해서 은행의 영업 시간이 아닐 때에도 간단한 은행 업무를 볼 수 있습니다. 대부분의 ATM에서는 예금출금, 예금조회, 계좌이체, 입금/무통장 송금, 통장 정리 등의 업무를 공통적으로 제공합니다.

은행 ATM은 기본적으로 24시간 이용이 가능하지만, 대부분의 은행이 공통적으로 23:30~00:30 사이에 시스템 점검을 진행하기 때문에 이 시간에는 정상적인 이용이 어려울 수 있습니다.

은행 ATM에서는 타 은행의 카드로도 이체 및 입·출금이 가능합니다. 다만, 이 경우에는 일정 금액의 수수료가 부과될 수 있습니다(은행에 따라 정책 상이). 그렇기 때문에 불필요한 수수료 지출을 피하기 위해서는 보유하고 계신 카드와 동일한 은행 ATM을 사용하는 것이 좋습니다.

6-3 번거로운 실물카드는 그만! 삼성페이로 결제하기

이럴 때 사용해요

"요즘 건망증이 심해져서 그런지 지갑을 자꾸 집에 두고 나와요. 요즘 젊은 사람들은 휴대폰으로 결제도 다 한다던데 제 휴대폰으로도 할 수 있을까요? 그러면 지갑을 챙기지 않아도 돼서 정말 좋을 것 같아요."

이번 섹션에서는 들고 다니기 번거로운 실물카드 대신 [삼성페이]로 결제하는 방법을 알아보도록 하겠습니다. 삼성페이(삼성 월렛)에 카드를 등록해 두면 지갑 없이도 휴대폰으로 손쉽게 카드 결제가 가능합니다(갤럭시 등 안드로이드 휴대폰 전용).

삼성페이(삼성월렛) 카드 등록

❶ 휴대폰에서 [Wallet] 앱을 실행합니다.

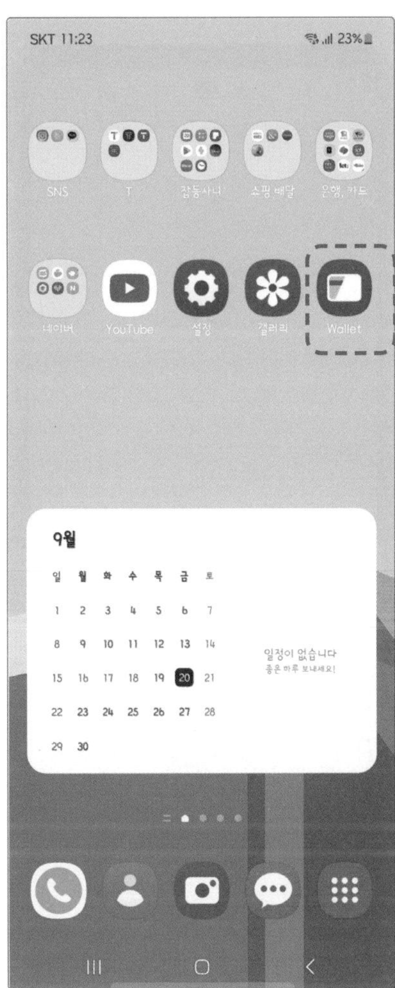

❷ 화면 오른쪽 상단에 보이는 [+] 버튼을 누릅니다.

❸ 목록에서 [결제 카드]를 선택합니다.

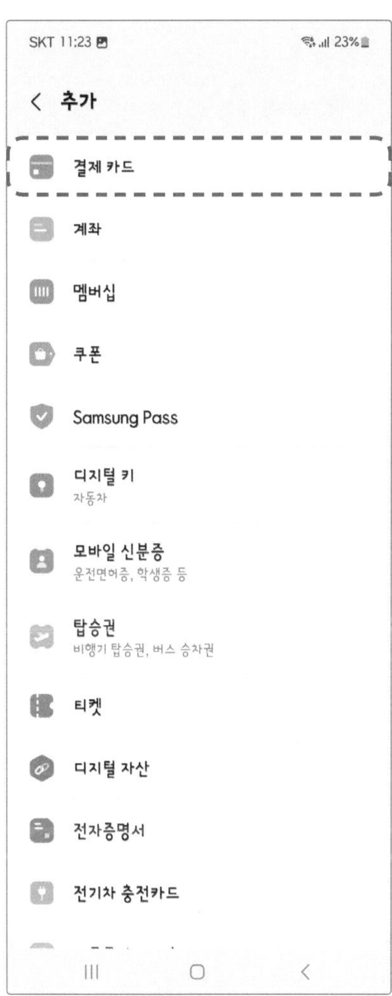

4

[사진으로 찍어 카드 추가]를 진행합니다.

5

카메라가 실행되면 화면에 보이는 사각형 안에 카드가 들어가도록 비추어 줍니다. 인식이 잘 안되면 [수동으로 카드 입력]을 진행합니다.

6

보안 코드, 카드 비밀번호 등 나머지 정보를 입력하고 [다음]을 누릅니다.

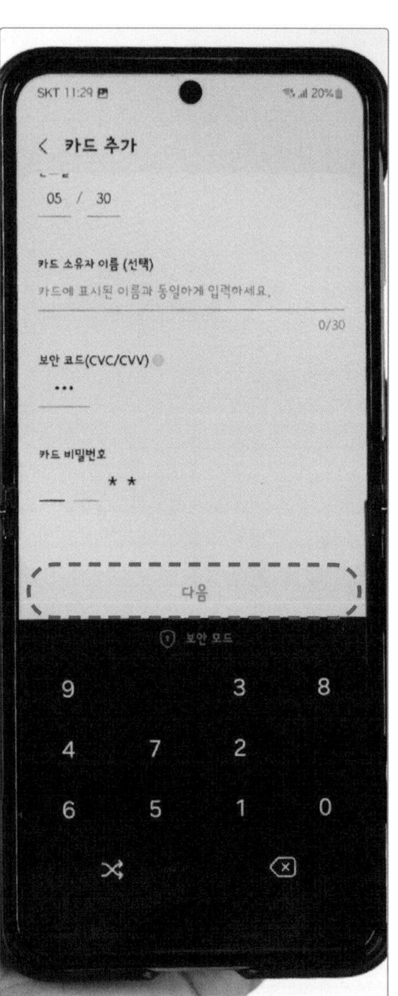

사용을 위한 약관에 [전체] 항목에 동의합니다.

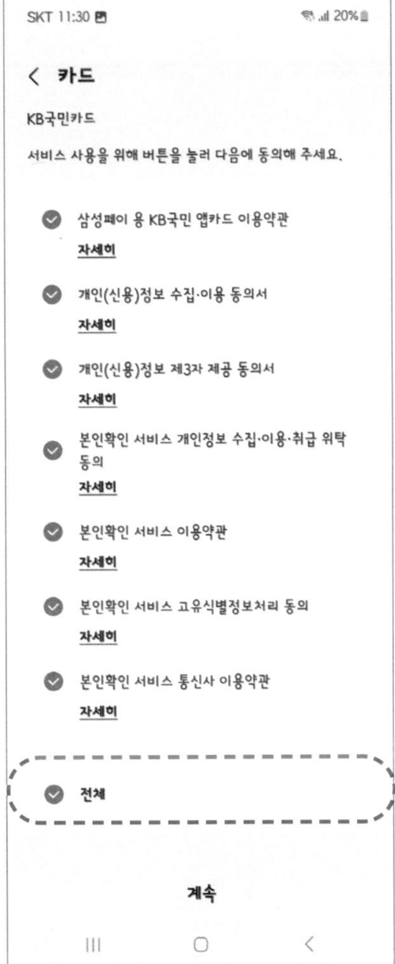

8

결제에 사용할 6자리의 비밀번호를 등록해 줍니다.

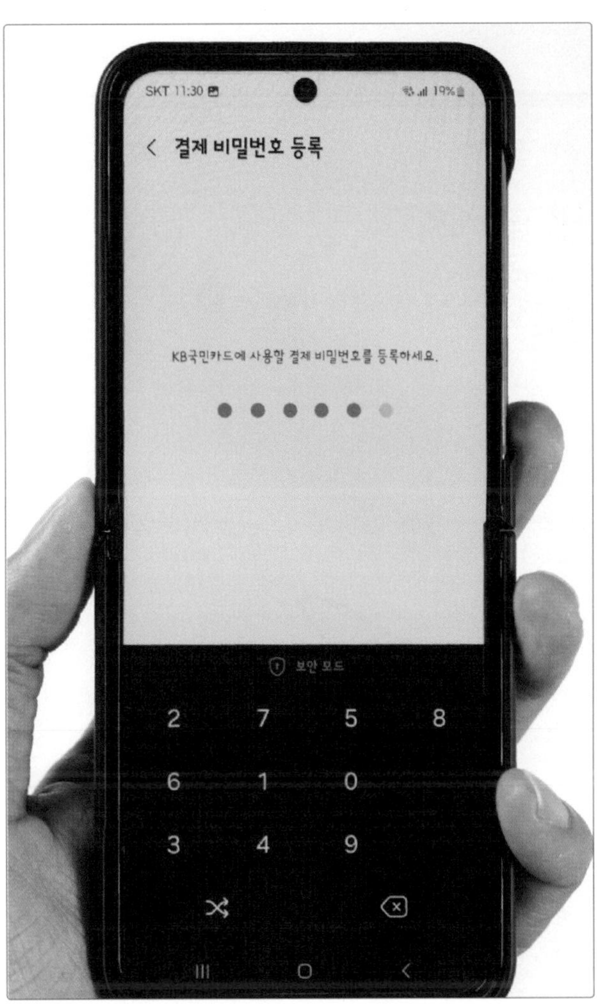

9

화면에 직접 '서명'을 한 뒤에 [다음]을 누릅니다.

10

삼성페이(삼성월렛) 카드 등록이 완료된 것을 확인합니다.

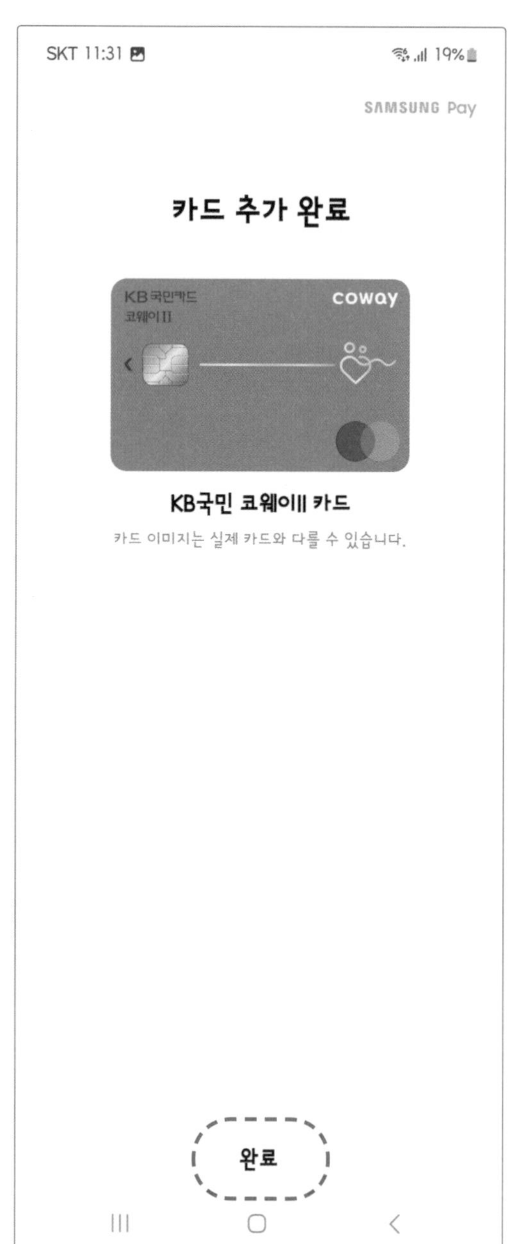

삼성페이(삼성월렛)로 결제하기

[Wallet] 앱을 실행한 다음 결제할 카드를 선택하고 생체인증(지문) 또는 비밀번호를 입력합니다.

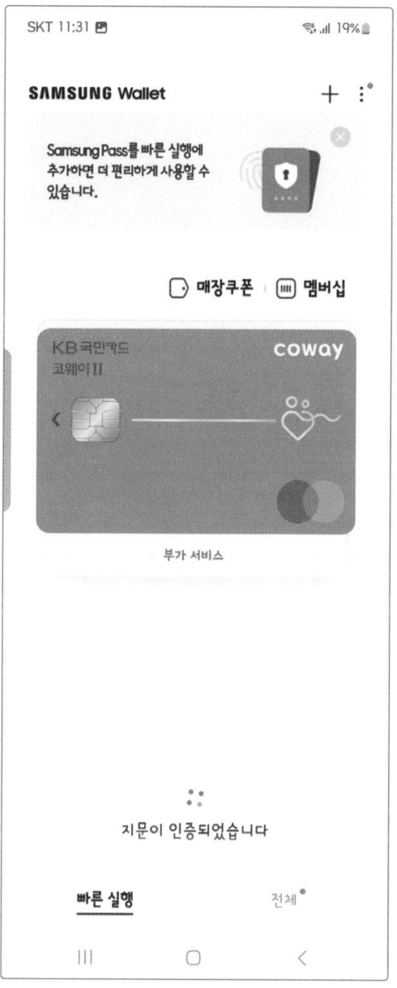

2

휴대전화 뒷면을 카드 리더기에 갖다 대면 결제가 이루어집니다.

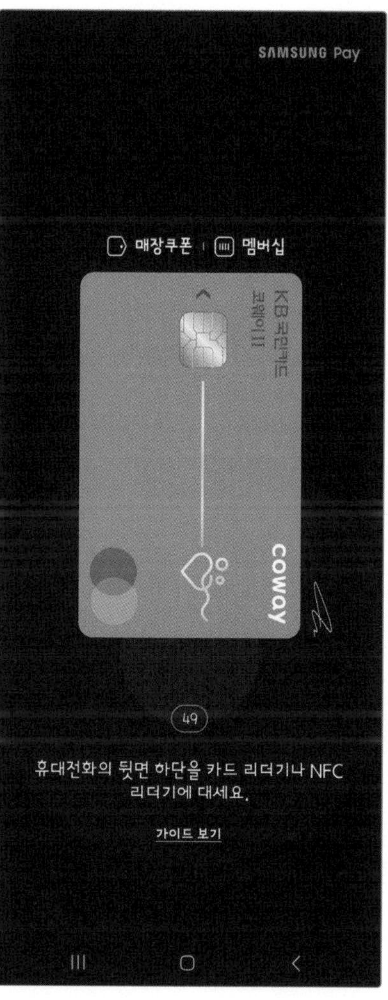

이번 섹션에서 알려 드린 삼성페이(삼성월렛) 앱을 통해 휴대폰만 있으면 언제 어디서나 간편하게 결제할 수 있습니다. 삼성페이(삼성월렛)를 실행하고 카드 단말기에 가져다 대기만 하면 됩니다.

아이폰의 경우 '삼성페이'와 유사한 '애플페이'를 통해 결제할 수 있으며, 애플페이는 현재 현대카드로만 사용 가능합니다.

삼성페이(삼성월렛) 앱에는 결제 카드뿐만 아니라 교통카드, 모바일 신분증, 탑승권, 멤버십 카드 등도 등록 가능합니다.

대중교통을 주로 이용하시는 분이라면 교통카드를 함께 등록해 주는 것이 좋습니다. 교통카드의 경우 등록된 신용카드 중 교통카드를 지원하는 카드와 연동하는 방식으로 사용하시면 됩니다.

6-4 최근 늘어나는 무인점포 셀프로 이용해 보기

이럴 때 사용해요

"손주들 간식을 사 주려고 동네에 있는 아이스크림 할인점에 방문했어요. 물건을 고른 뒤 계산하려고 하는데 기계로 결제를 해야 하더라고요. 이리저리 눌러보며 결제 방법을 찾고 있는데 손주들은 보채고 다음 사람은 기다리고 있어서 당황스러웠어요."

이번 섹션에서는 최근 늘어난 무인점포에서 셀프로 계산하는 방법을 알아보도록 하겠습니다. 무인 아이스크림 할인점, 무인 문구점 등 동네에 하나씩은 꼭 있는 무인점포에서 간단하게 물건을 구입할 수 있습니다.

무인점포 셀프 이용하기

❶

구매할 물건을 가지고 무인 포스기 앞으로 갑니다.

❷

[시작하기] 버튼을 눌러 줍니다.

❸

포스기가 바코드를 스캔할 수 있도록 물건의 바코드를 리더기에 읽혀 주세요.

4 구매하려는 물건이 정상적으로 입력됐는지 한 번 더 확인해 줍니다.

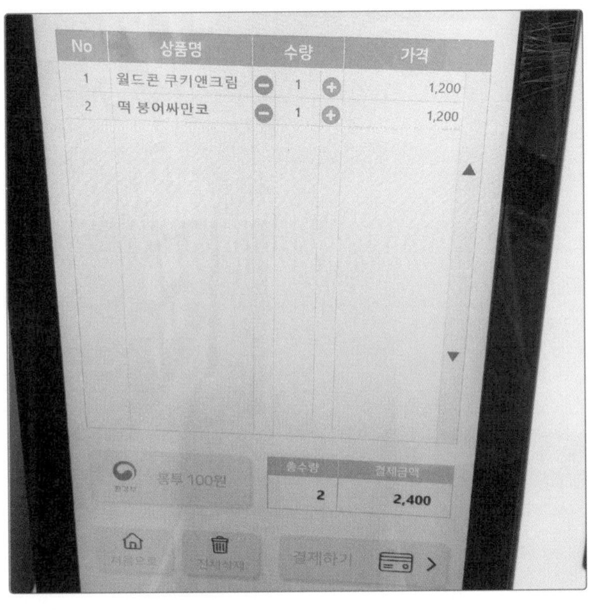

5 하나의 상품을 여러 개 구매할 때는 를 눌러 수량을 늘려 줍니다. 수량을 줄일 때는 를 누릅니다.

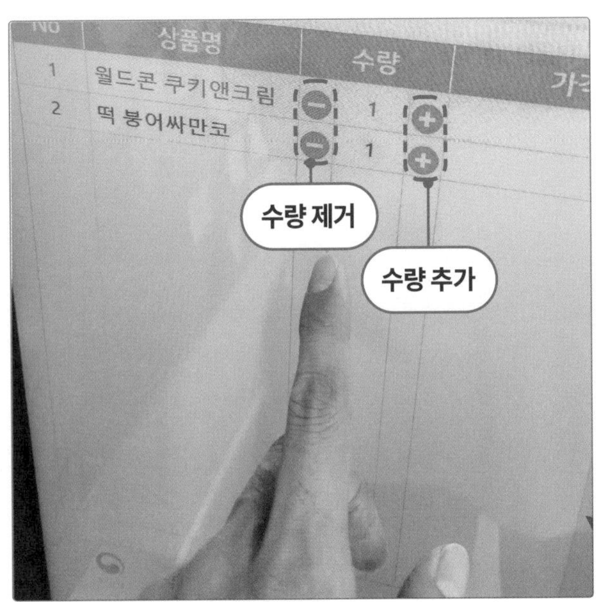

6 봉투가 필요하다면 **[봉투]** 버튼을 눌러 추가해 줍니다.

7 총 수량과 결제 금액을 최종적으로 확인한 뒤에 **[결제하기]**를 누릅니다.

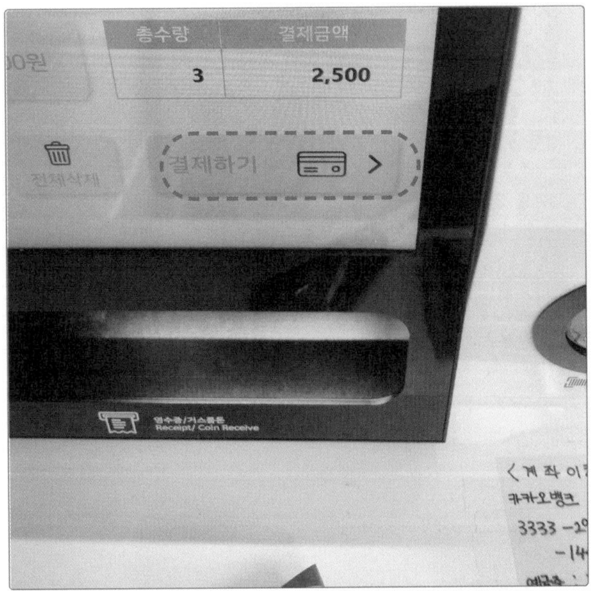

8 [현금] 또는 [카드] 중 원하는 결제 방식을 선택합니다.

9 현금을 선택했다면 지폐 및 동전을, 카드를 선택했다면 카드를 투입구에 넣어 줍니다.

10 영수증이 필요하다면 [예]를 눌러 영수증을 출력합니다.

11 영수증이 출력되면 영수증을 보고 결제 내역에 이상이 없는지 확인합니다. 이때 결제에 사용한 카드도 회수해 줍니다.

12 구매한 물건을 두고 가지 않도록 잘 챙겨줍니다.

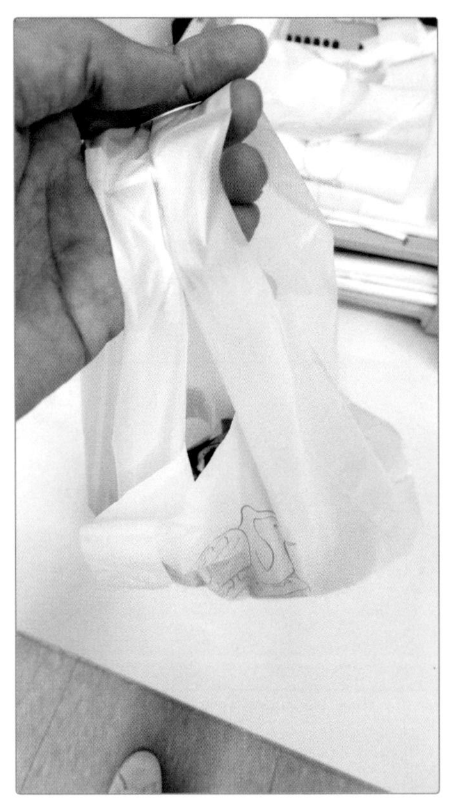

이번 섹션에서 알려 드린 무인점포 셀프 이용 방법을 통해서 동네에 하나쯤은 있는 무인점포를 쉽게 이용하실 수 있습니다. 가게마다 포스기 사용 방식이 조금씩 다를 수 있지만 대부분 동일한 순서로 진행됩니다.

무인 포스기로 바코드를 스캔할 때 여러 번 찍혀 중복으로 상품이 추가되거나 반대로 실제 구매한 상품의 수보다 적은 수량으로 결제가 이루어질 수 있기 때문에 반드시 화면에서 실제로 구매하려는 상품의 수와 동일하게 스캔이 되었는지 확인하는 것이 좋습니다.

무인점포에는 가게 주인이 상주하고 있지는 않지만, 상품을 찾거나 결제에 어려움을 겪는 손님들을 위해 연락처를 비치해 두고 있습니다.

만약 원하는 상품이 없거나 무인 포스기 사용에 문제가 있다면 가게에 비치된 연락처로 도움을 요청해 볼 수 있습니다.